초등 국어 독해의 길잡이

독해력 키움

3단계

학부모님께

어린이집으로 가는 버스를 탄 아이들의 모습을 보면, 고개를 숙이고 무엇인가를 열심히 보고 있습니다. 아침 일찍부터 스마트폰에 빠진 것입니다. 아이들의 이런 모습은 초등학교, 중학교, 고등학교 과정을 거치면서도 그다지 나아지지 않습니다. 스마트폰에 빠지는 게 무엇이 문제냐고요? 무엇보다 아이들이, 보고 듣는 데만 익숙해져서 조각난 생각조차 하지 않는 습관에 젖어 버려서 큰 문제이지요.

컴퓨터도 그렇지만, 스마트폰도 손가락으로 화면을 넘기면서 빠르게 작업을 하게 되어 있는 기기입니다. 작업하는 속도가 빨라야 자부심을 느낄 수 있다고 하여 중간에 생각을 하거나 정리를 하는 시간은 아예 가지지 못한 채 슬쩍슬쩍 지나쳐야 합니다. 이러니 시간이 지나 나이가 들수록 생각의 깊이나 폭과는 거리를 두게 됩니다. 생각의 폭을 넓히고, 깊이를 더하기 위해서는 스스로 생각하는 버릇을 들여야 합니다. 하지만 보는 일에만 길들여져서는 그런 버릇을 들일 수가 없고, 반드시 읽어야 하는 것입니다. 일정한 분량의 글을 읽어서 뜻을 새기고, 새로운 생각을 떠올리고, 읽은 내용을 다른 분야에 응용하는 생각까지 해보아야 힘을 붙여 나갈 수 있습니다.

> **김갑주 선생님 약력**
> 김갑주 선생님은 서울대학교 국어국문학과를 졸업하고 장훈고등학교에서 국어를 가르쳤으며, 대성학원과 종로학원에서 국어영역 명강사로 활약하였습니다.
> 그동안 중고등학교 국어 관련 집필을 하시다가 최근에는 초등학교 독서교육에 힘쓰고 있습니다.

우리나라의 대학 입시 제도는 복잡하고 변화무쌍하기로 악명이 높습니다. 이런 실정에서는 시간이 흘러 제도가 바뀌더라도 그대로 써먹을 수 있는 공부를 해 두는 것이 안심이겠지요. 동서고금을 막론하고, 교육 쪽의 학자들이 고교 과정까지 아이들이 필수적으로 공부해야 할 과목으로 언어 논리와 수리 논리를 들고 있습니다. 언어 논리는 언어로써 논리적인 사고력을 키우는 과목이고, 수리 논리는 숫자로써 논리적인 사고력을 키우는 과목입니다. 다른 과목을 위한 기초를 이 두 과목에 의해 마련할 수 있고, 추론, 비판, 창의, 적용 등의 사고 능력도 이 두 과목으로부터 키워나갈 수 있습니다. 게다가 제도의 변화에 흔들리지 않고 능력을 지켜나갈 수 있으니 언어 논리와 수리 논리는 얼마나 중요한지 모르겠습니다. 언어 논리를 키워나가는 데 가장 중요한 일이 읽기의 힘을 키우는 일입니다. 그것도 초등학교 때 집중적으로 키워두어야 가장 효과적입니다.

저는 고등학교와 대학입시 학원에서 30여 년 동안 아이들에게 책 읽기와 글쓰기 지도를 하였습니다. 가르치는 경력이 얼마 되지 않았을 때부터 줄곧 궁금했던 것 중의 하나는 고등학교 과정에 있는 아이들이 어째서 읽기의 능력이 이렇게 부족할까 하는 점이었습니다. 아이들을 관찰하기도 하고, 직접 이야기도 나누어보니, 읽은 책이 얼마 되지 않아서 그렇게 되었음을 알 수 있었습니다. 그래서 책을 왜 이렇게 읽지 않았느냐고 다시 물어보았더니, 읽기를 하는 올바른 방법을 가르쳐 주는 선생님도, 알려주는 책도 없고 보니 아예 읽기에는 관심도 취미도 붙이기 어려웠다고 하더군요. 그래서 저는 언젠가 아이들이 일찍부터 올바른 읽기 방법을 익혀, 흥미를 느끼고 책을 읽을 수 있도록 길잡이가 될 만한 책을 쓰고 싶었습니다. 오랜 기간 자료를 모으고 준비하였으며, 드디어 체계적으로 독해력을 향상시킬 수 있는 방법을 궁리하여 이 책을 쓰게 되었습니다.

책을 일곱 단계로 나누어, 학년별 교과 과정을 충실히 반영하면서 그보다 수준을 조금씩 높이도록 했습니다. 예컨대, 3단계라면 대체로 3학년의 교과 과정과 관련을 맺었지만, 문제에서는 눈높이를 약간 높였습니다. 무엇보다도 아이들의 읽기 능력을 빠른 시간에 키워갈 수 있도록 글을 고르는 데 공을 많이 들였습니다. 국어 교과서의 글은 물론이고, 사회와 과학 교과에서도 글감을 구해서 정리한 글을 실었습니다. 필요에 따라 교과서 밖에서 글을 골라서 수준을 높이려 하였습니다. 우리가 목표로 삼고자 하는 독해력 키우기는, 언어 논리를 다루는 분야이니 거기에 치중하도록 했습니다.

이런 생각도 미리 해보았습니다. 이 책은 아이들이 혼자 다루기에는 힘겨울 수 있으니까, 선생님이든 부모님이든 누군가 도와주어야 하지 않을까 하는 생각입니다. 그렇다고 처음부터 아이와 함께 문제 풀이에 나서라거나, 주입식으로 강의하시라는 뜻은 전혀 아닙니다. 아이가 글을 읽고 문제 풀이를 한 뒤에 채점하면서 질문하도록 하고, 책의 뒤에 붙은 해설을 보아가면서 도움말을 주시라는 것입니다. 그러려면 함께 공부해야 하는 번거로움은 있겠지만, 아이와 함께 문제 풀이에 애쓰다 보면, 정도 새록새록 더해질 테고 아이의 읽기 능력도 크게 길러지는 보람도 함께 느낄 수 있을 것입니다.

초등학생이 볼 책을 쓰면서 가장 어려운 점이 아이들 눈높이를 맞추는 일이라는 사실을 다시 확인할 수 있었습니다. 아이들 관점에서 이해할 수 있는 글이고, 풀이할 수 있는 문제인지 머릿속에 그려보기도 하고 선생님들께 여쭈어보기도 했습니다. 그런데도 눈높이의 문제는 속 시원하게 해결되지 않은 것 같습니다. 이렇게 남은 문제는 선생님들과 부모님들, 아이들의 바른말을 들어가면서 고쳐나가고 보완해 나갈 것을 약속드립니다.

대표 집필 김 갑 주

독해력 키움의 중요성

모든 과목 이해의 열쇠는 독해력

- 국어는 물론이고 수학, 사회, 과학, 영어도 독해의 힘이 있어야 높은 성적을 기대할 수 있습니다.
- 모든 과목에는 개념을 설명하는 글이 있고, 문제를 펼쳐 보이는 글도 있는데, 가장 먼저 이런 글을 이해해야 성적을 올릴 수 있습니다.

독해력은 초등 때 결정

- '세 살 버릇 여든 간다.'는 속담이 독해에도 꼭 맞아떨어집니다.
- 초등 과정에서 올바른 방법으로 독해력을 키워두면, 중·고등 과정은 물론이고 대학까지도 편해집니다.
- 가장 어려운 고비라고 하는 대학수학능력시험은 독해력이 튼튼해야 모든 과목에 걸쳐 좋은 성적을 낼 수 있습니다.
- 잘못된 독해 방식에 젖어 있는 사람은 고등학교에 가서 온갖 방법을 궁리하고 노력해도 혼란스럽기만 하고 성적이 잘 오르지 않습니다.

독해력 키우는 방법

- 여러 갈래의 글(설명하는 글, 설득하는 글, 이야기 글, 시 등)을, 갈래별로 나누어놓은 읽기의 이론을 익힌 뒤에 이 이론에 따라 많은 글을 읽어야 합니다.
- 갈래별로 나누어놓은 읽기의 이론은 이 책의 본문 앞에 실려 있으므로 잘 이해하여 몸에 배게 해야 합니다.
- 어떤 갈래의 글이든지 가장 먼저 이루어져야 할 일은 중심 내용(주제)을 찾는 것입니다.
- 중심 내용을 파악하기 위해서는, 글에 나타난 사실을 이해하고, 읽은 내용을 바탕으로 어떤 생각을 더 해 볼 수 있는지 떠올려보며, 때로는 읽은 내용을 따져서 비판도 할 수 있어야 합니다.
- 읽은 글 아래 문항의 수는 5~7개이고, 이 문항들은 유형별로 같은 번호가 지정되어 있어서, 반복 학습을 통해 독해력을 향상할 수 있도록 하였습니다.
- 문항 유형별로 풀이하다 보면 자연스럽게 독해력을 키울 수 있도록 문항 유형들이 유기적으로 배열되어 있습니다.
- 이 책에서는 1번이 '주제 찾기' 문제인데, 가장 중요하기 때문에 이 자리에 놓았으며, 그 아래에 놓인 모든 문제를 다 풀어 본 뒤에 다시 1번의 주제를 한 번 더 확인해보아야 정확한 주제를 찾을 수 있습니다.

도움주기

! 독해력 키움의 문제 앞에 놓인 글이든, 글 아래에 놓인 문제이든 아이들이 스스로의 힘으로 이해할 수 있도록 꾸몄습니다. 되도록 간섭은 줄이고, 부모님이나 선생님께서 아이를 도와주실 때는 다음에 유의하십시오.

01 글이나 문제에서 뜻을 모르는 낱말이 있다고 할 때는, 그 낱말의 앞이나 뒤에 놓인 다른 말과 연결하여 미루어 뜻을 떠올려 볼 수 있도록 힘을 키워주십시오. 쉽사리 사전을 찾도록 한다거나 글 전체, 문제 전부를 풀이해주는 방식으로는 남에게 기대는 버릇만 들게 할 것입니다.

02 이 책의 끝에 있는 체크리스트 점검표 작성을 도와주시고 주기적으로 확인해 주십시오. 아이의 약점을 파악하여 자주 틀리거나 이해가 부족한 문항 유형을 중심으로, 그 문항 유형의 어려움을 극복하기 위해서 무엇을 고치고 보완해야 하는지 알려주십시오. 고칠 점, 보완해야 할 점은 해설을 보면 잘 나와 있습니다.

03 주관식 문제는 예시에 따라 채점을 도와주세요.
한 낱말이나 빈칸이 정해진 하나의 구절로 답하는 문제에서는 0점과 모범 답안과 일치하는 만점밖에 없습니다.
여러 개의 낱말로 답하는 문제에서는 배점에 문항 수를 나누어 정답에 비례하여 채점합니다.
하나의 구절이나 문장으로 답하는 문제에서는 미리 주어진 조건을 고려하여 모범 답안의 내용과 일치하는 정도에 따라 점수를 주어야 할 것입니다.

독해력 키움의 구성

01 단계를 나누어 체계를 잡았습니다.

독해력 키움은 초등학교 교육 과정에 맞추어 1단계부터 7단계까지 모두 일곱 단계로 이루어져 있습니다. 그렇지만 학년과 단계가 꼭 일치하는 것은 아닙니다. 체계를 튼튼히 다진 다음, 키움의 속도를 높이기 위해 학년보다 한 걸음 더 나아가도록 하였습니다. 읽기 능력의 개인 차이를 고려하여 자신의 수준에 맞는 단계를 골라서 시작할 수 있습니다.

02 읽기의 이론을 자세히 소개하여 길잡이로 삼도록 했습니다.

글의 큰 갈래를 비문학과 문학으로 나누고, 갈래의 특성에 따른 읽기의 이론을 본문의 앞에 실었습니다. 단계별 수준을 고려하여 차이를 두고 소개하였습니다. 본문과 문제에 들어가기에 앞서 잘 익혀두어야 합니다.

03 모든 교과목에 걸쳐, 여러 갈래의 글을 골랐습니다.

국어 교과서의 글을 기준으로 삼아, 국어는 물론이고 바른 생활, 슬기로운 생활, 즐거운 생활, 그리고 예체능과 관련된 글도 망라하여 문제 앞에 싣는 글로 골랐습니다. 비문학(설명하는 글, 설득하는 글)과 문학(이야기, 시)을 균형을 맞추어 배치하였습니다. 글이 속한 내용 분야를 보아도 인문, 사회, 경제, 과학, 문화, 예술 등 참으로 다양합니다.

04 독해력을 체계적인 방법으로 키울 수 있도록 하였습니다.

'SSAT(미국 고등학교 입시)'와 '대학수학능력시험'의 독해력 평가 유형을 염두에 두고 초등과정에서 효과적인 독해력 향상을 위한 문항 유형을 만들었습니다. 이를 위해 짜임새가 좋은 지식의 체계로서, 창의적으로 생각하는 바탕으로서, 여러 분야에 두루 활용될 수 있는 글을 골랐습니다. 글 아래의 '주제 찾기1~요약하기 7'의 문항 유형을 순서에 따라 풀어서, 분석, 이해, 추리, 적용의 종합적인 사고 능력을 키울 수 있습니다.

05 독해력을 키우기 위해 꼭 필요한 지식을 갖추도록 문제를 만들었습니다.

독해력은 문제만 많이 푼다고 키울 수 있는 단순한 기능이 아닙니다. 어법, 문학 작품과 관련된 지식, 그 밖의 배경 지식 등이 갖추어져 있어야 보다 튼튼하게 키울 수 있습니다. 글을 고를 때 이 점을 고려하였고, '세부내용 5'번 문제는 순전히 이런 목적에서 출제하였습니다.

06 창의력과 응용 능력을 키울 수 있도록 힘을 기울였습니다.

읽기는 종합적인 생각의 과정이어야 합니다. 글의 사실을 이해하고, 이해한 사실에 미루어 새로운 내용을 짐작해보고, 글의 성질에 따라서는 비판도 하면서, 때로는 새로운 생각을 떠올리거나 다른 일에 응용할 줄도 알아야 합니다. '미루어알기 4', '적용하기 6'의 문제 유형은 이런 의도에서 출제하였습니다.

Contents

초등 국어 독해의 길잡이
독해력 키움

[설명하는 글 읽기 01~25]

01 옛날 사람들의 지도 …………………… 18
02 널뛰기 방법 …………………………… 20
03 놀이동산의 안내 방송 ………………… 22
04 우리 지역과 다른 나라의 교류 ……… 24
05 자동차 속의 물질 ……………………… 26
06 동물의 몸을 모방한 기술 ……………… 28
07 특이한 화석 …………………………… 30
08 이가 없는 동물 ………………………… 32
09 페트병으로 옷을 만든다 ……………… 34
10 높임말 바르게 사용하기 ……………… 36
11 새로운 의사소통 수단 ………………… 38
12 우리민족의 장신구, 노리개 …………… 40
13 연주하는 도로 외 1편 ………………… 42
14 기후와 생활 …………………………… 45
15 너도나도 숟갈 들고 어서 오느라 (양재홍) … 48
16 콩이 된장으로 변했어요 ……………… 51
17 갯벌에 뭐가 사나 볼래요 ……………… 54
18 나무 …………………………………… 57
19 먹을 수 있는 꽃 요리 (오주영) ……… 60
20 장치기 놀이 …………………………… 63
21 빵이 빵 터질까? (이춘영) …………… 66
22 바닷속 동물 …………………………… 69
23 내 손으로 그리는 명화 (박유경 옮김) … 72
24 살랑살랑 꼬리로 말해요 (조병준 옮김) … 75
25 고무줄 마술 …………………………… 78

[설득하는 글 읽기 26~34]

26 빨강 두건 아씨께 ……………………… 81
27 왜 띄어 써야 돼? (박규빈) …………… 84
28 울타리의 못 자국 ……………………… 87
29 검정소와 누렁소 ……………………… 90
30 부탁하는 글 …………………………… 93
31 행복한 사람 …………………………… 96

32 좋은 습관을 길러요 (유성은) …… 99
33 예쁜 새 선발 대회 …… 102
34 장승 …… 105

[이야기 글 읽기 35~46]

35 도깨비를 골탕 먹인 농부 (이상희) …… 108
36 아무도 모를 거야, 내가 누군지 (김향금) … 111
37 노란주전자 (김은경) …… 114
38 반말 왕자님 (강민경) …… 117
39 꼴찌라도 괜찮아 (유계영) …… 120
40 플랜더스의 개 (김현숙 옮김) …… 123
41 좁쌀 한 톨로 장가 든 총각 (이잠) …… 126
42 종이 봉지 공주 (김태희 옮김) …… 129
43 이황 …… 132
44 별주부전 …… 135
45 나비박사 석주명 …… 138
46 아낌없이 주는 나무 (이재명 옮김) …… 141

[시 읽기 47~55]

47 봄 오는 소리 (정완영) …… 144
48 바람과 빈 병 (문삼석) …… 146
49 도토리나무 (윤동재) …… 148
50 발가락 (류호철) …… 150
51 동주의 개 (남호섭) …… 152
52 좀좀좀좀 (한상순) …… 154
53 딱 하루만 더 아프고 싶다 (정연철) …… 156
54 형과 목욕탕 다녀오기 (이혜용) …… 158
55 산 샘물 (권태웅) …… 160

▶ 회차별 점수표 …… 162
▶ 유형별 진단표 …… 166

I. 논리적인 글 읽기

논리적인 글이란 어떤 글인가요?

물건이나 일을 정확히 가리키면서, 그 물건이나 일이 무엇인지 알리거나, 어떤 뜻이 있는 것으로 생각되는지, 어떠해야 하는지를 내용으로 전하는 글입니다.

1. 설명하는 글

가리킨 물건이나 일이 무엇인지 알려주는 글입니다. 때로는 그 물건이 어떠한지 알기 쉽게 풀어놓기도 합니다.

이런 종류의 글에는 물건이나 일에 관한 사실, 우리가 몰랐던 지식, 정보 등이 내용으로 실려 있습니다. 따라서 글쓴이의 느낌이나 생각은 드러나지 않습니다.

2. 설득하는 글

가리킨 물건이나 일이 어떤 뜻이 있는 것으로 생각되는지, 어떠해야 하는지 힘주어 말하는 글입니다. 어떤 때는 읽는 이의 생각을 바꾸려 하고, 또 어떤 때는 읽는 이가 망설임 없이 행동에 나서도록 합니다.

이런 종류의 글에는 글쓴이의 의견이나 주장이 분명하게 드러납니다. 따라서 읽고 나서 글쓴이의 의견이나 주장을 정확히 알 수 있어야 합니다. 그리고 이런 생각이 나의 생각과 어떻게 다른지 떠올려보아야 합니다.

논리적인 글은 어떻게 읽나요?

설명하는 글이든 설득하는 글이든 물건이나 일을 정확히 가리키면서 이루어지기 때문에 다음과 같은 방법으로 읽을 수 있습니다.

1단계 제목 살피기 제목이 붙어 있다면 그것을 보고 중심 내용이 무엇이 될지 나름대로 떠올려봅니다.

2단계 문단 분석 중심 문장과 뒷받침 문장들로 나누어 가면서 문단별로 중심 내용을 파악합니다. 중심 문장은 글의 중심 내용을 담고 있는 문장으로, '~이다', '~하다', '~이어야 한다.' 등으로 끝납니다. 이런 중심 문장이 없으면, 반복된 중심 낱말을 사용하여 스스로 만들어보아야 합니다.

3단계 글 전체의 구조 파악 내용의 중요도에 따라 문단별로 순서를 정하고 가장 중요한 내용이 실린 문단을 향해 다른 문단들이 어떻게 놓였는지 파악합니다. 같은 내용을 담고 있는 문단들은 묶어서 정리합니다.

4단계 글 전체의 주제문 알기 3단계에서 파악한 내용에 따라 글 전체의 주제문을 떠올려봅니다. 글 전체의 주제문이 글에 있다면 밑줄만 그어두면 되고 없으면 스스로 만들어보아야 합니다.

위의 방법은 한 편으로 완성된 논리적인 글을 읽을 때 적용하면 되고, 보통은 다음과 같이 우리가 알고 있는 사실이나 겪은 일을 떠올려가며 문단 분석을 하고, 읽은 글 전체의 중심 낱말을 파악할 수 있으면 됩니다.

문단별 읽기	내용
중심 문장 파악	문단의 내용을 대표하는 문장, 한 문단에서 가장 중요하고 중심이 되는 문장
뒷받침 문장들	중심 문장을 자세히 설명하거나, 예를 들거나 까닭을 말하여 글쓴이의 말이 옳다고 여기도록 하는 내용
중심 낱말 파악	글에서 자주 나온 낱말이나 제목과 관련되는 낱말 등

또 다음과 같이 글의 종류에 따라 구별하여 읽을 수 있어야 합니다.

1. 설명하는 글 읽기

글이 놓여 있는 순서에 따라 문단별로 중심 문장을 파악하고 뒷받침 문장들을 정리한 다음 글 전체의 중심 낱말을 알아내는 순서로 읽습니다.

설명문의 첫 단계에 낱말을 반복 사용해 가면서 중심 내용이 무엇이 될지 알려줄 수 있으니 이 낱말을 찾아서 새겨둡니다.

몸통인 둘째 단계에서 여러 가지 설명 방식을 사용해 가면서 자세하고 알기 쉬운 설명이 펼쳐지므로 이를 잘 정리할 수 있도록 합니다.

셋째 단계에서는 둘째 단계에서 말한 내용을 요약 정리하므로 다시 확인해 주면 됩니다.

읽고 나서는 새롭게 이해하거나 알게 된 사실, 지식, 정보가 무엇인지 정리할 수 있어야 합니다.

2. 설득하는 글 읽기

글이 놓여 있는 순서에 따라 문단별로 중심 문장을 파악하고 뒷받침 문장들을 정리한 다음 글 전체의 주제를 한 문장으로 정리하는 순서로 읽습니다.

첫 단계에서는 의문문을 사용하거나, 어떤 내용을 중심 내용으로 삼겠다고 노골적으로 말하면서 다루게 될 중심 내용을 제시하고, 왜 그것을 다루는지도 말하므로 이 내용을 반드시 파악해 두어야 합니다.

둘째 단계에서 중심 문제를 해결해 가는 과정에서 어떤 방법이 사용되는지 눈여겨 봐두어야 합니다.

셋째 단계에서는 이미 해결 과정을 거친 문제를 다시 요약하므로 이를 확인하면 됩니다.

읽고 나서는 글쓴이의 의견이나 주장이 나의 생각과 견주어보았을 때, 어떤 점에서 받아들일 만하고 어떤 점에서 받아들일 수 없는지 생각해 보아야 합니다.

II. 문학적인 글 읽기

문학적인 글이란 어떤 글인가요?

빗대거나 꾸며 말해서 물건이나 일, 또는 사람의 아름다움을 드러내는 데 힘쓰는 글입니다.

1. 이야기

주인공을 비롯한 인물들이 등장하고, 사건이 있으며, 때와 장소의 배경이 정해져 있는 글입니다. '전기'처럼 어떤 인물이 살아온 자취와 남긴 말이나 일을 사실 중심으로 엮기도 하고, '소설'이나 '동화'처럼 사실보다는 새롭게 꾸며낸 내용을 중심으로 엮기도 합니다.

이야기의 문장은 산문인데, 등장인물이 하는 말과 그 밖의 말로 나누어집니다. 등장인물의 말을 대사(또는 대화)라고 하고 그 밖의 말을 지문(또는 서술)이라 합니다. '서술자'는 시의 '화자'처럼 지은이를 대신하여 인물, 사건, 배경에 대해 말해주는 사람입니다.

2. 시

말소리, 규칙적으로 엮은 말의 질서가 지닌 아름다움을 잘 살린 글인데, 이런 글을 운문이라 합니다. 사용하는 말은 물건이나 일, 사람 등을 정확히 가리키기보다는 빗대기 때문에 다른 물건이나 일, 사람 등으로 대신 떠올리게 합니다.

또 시인은 작품에서 자신을 대신할 수 있는 다른 인물을 내세워 목소리를 내는데, 이런 인물을 '화자'라고 합니다. 시는 화자에 의해 느낌과 생각을 표현하는 특징이 있습니다.

문학적인 글은 어떻게 읽나요?

문학적인 글에 속하는 두 갈래의 글은 워낙 그 차이가 뚜렷하기 때문에, 갈래에 따라 달리 읽어야 합니다.

1. 이야기

이야기는 길고 내용이 복잡하게 얽혀 있어서 놓여 있는 순서를 따라 읽어 가면서 다음의 일들을 따지고 정리합니다.

(1) 인물의 말과 서술자의 말 구별하기

이야기의 문장은 인물의 말(대사, 대화)과 서술자의 말(서술, 지문)로 구별됩니다. 인물의 말에는 작은따옴표(" ")가 앞과 뒤에 붙어 있고, 서술자의 말에는 그런 부호가 붙어 있지 않습니다.

인물의 말은 그 말을 한 사람의 마음이 어떠한지 떠올릴 수 있도록 하며, 어떤 사건이 일어나고 있는지 말해주기도 합니다. 서술자의 말은 인물, 사건, 배경을 그리기도 하고, 해설하거나 논평하기도 합니다.

(2) 큰 문단으로 나누기

이야기는 수없이 많은 작은 문단으로 이루어집니다. 내용의 정리를 위해서는 이것들을 보다 크게 묶어주어야 합니다. 묶을 때의 기준은 장면에서 등장인물의 변화, 사건과 배경의 큰 변화 등입니다.

(3) 전체의 주요 내용 정리하기

큰 문단으로 나누어 내용 정리를 해 두었으면, 이를 바탕으로 하여 이야기 전체의 줄거리와 주제를 정리해야 합니다.

2. 시

작품이 품고 있는 뜻이 여럿일 수 있어서 제목을 미리 보고 어떤 뜻을 전하고자 한 것일지 곰곰이 따져본 다음, 다음과 같은 단계를 따라 이해하고 감상합니다.

 **모양 보기** 몇 개의 큰 묶음으로 나누어져 있는지, 줄의 길이가 규칙적인지, 낱말이 반복되는지, 말소리의 크기에 변화를 주었는지 등을 눈여겨 보아둡니다. 왜 그렇게 특징 있는 모양이 되도록 했는지는 2~4단계를 모두 거친 뒤에 따져 볼 수 있습니다.

 **표현의 이해** 상식에서 벗어나 거짓말처럼 꾸민 말만 찾아서 그렇게 꾸민 까닭을 따져봅니다. 예를 들면, 어머니의 얼굴을 '세상을 훤히 비추는 보름달'이라 표현했다면, 따져볼 때 상식을 벗어난 거짓말입니다. 이 표현은 어머니의 얼굴이 '너그러우며 세상을 널리 감쌀 만큼 넉넉함'을 실감 나게 드러내기 위해 빗대어 표현한 것입니다.

 **중심 대상 알기** 몇 군데의 어려운 표현을 이해하고 나면, 무엇을 중심 대상으로 삼고 있는지 알 수 있습니다. 중심 대상은 글감입니다.

 **화자의 마음 떠올리기** 시에서 말하는 사람인 '화자'가 물건이나 일, 사람에 대해 어떤 느낌이나 생각을 말하고 있는지 정리합니다.

시의 이해와 감상에서 가장 중요하고 반드시 거쳐야 하는 단계는 2단계입니다. 위에서 예를 든 표현은 '비유'인데, 꼭 같이 빗대면서 뜻이 보다 복잡한 '상징'도 있습니다. 그 밖에, 못난 사람을 '잘 났어, 정말.'로 표현하는 것과 같은 '반어'가 있고, '죽은 것이 사는 길이다.'와 같이 어울릴 수 없는 뜻을 지닌 두 마디 말을 함께 놓는 '역설'도 있습니다. 시는 이와 같이 상식에 어긋한 표현을 찾아서 '왜 그런 표현을 했을까?'라는 의문을 품고 그 까닭을 알아내는 데서 이해와 감상을 시작합니다.

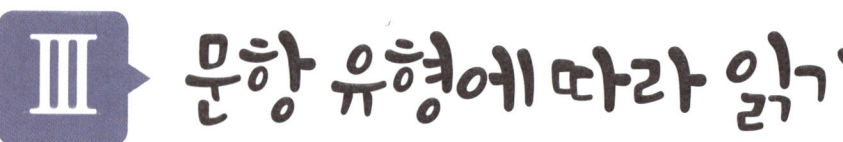

Ⅲ 문항 유형에 따라 읽기

검증된 평가로 유명한 'SSAT'나 '대학수학능력시험'의 읽기 능력 평가 유형과 방법을 참고하여 초등 단계에서 가장 효과적이고 체계적인 독해력 향상을 위한 문항 유형 7개를 확정하였습니다. 모든 글의 문제 유형에 따른 배열의 순서는 고정되어 있습니다.

글을 읽고 문제를 풀 때는, 가장 먼저 '사실이해 3'을 새겨 두어야 합니다. 모든 글 읽기는 주어진 글의 사실이해로부터 출발해야 하기 때문입니다. 이 문항의 선택지에 실려 있는 내용은 주어진 글을 이해하는 데도 큰 도움이 됩니다. 따라서 이 문항과 선택지를 보면서 글의 내용을 정확히 파악하는 연습이 기본적으로 대단히 중요합니다.

● 주제찾기 1

독해에서 가장 중요한 활동. 글쓴이가 전하려고 한 중심 생각 찾기.

글 전체의 중심 내용 찾기. 중심 내용을 찾는 방법, 중심 내용을 알아야 떠올릴 수 있는 내용, 중심 내용을 표현한 방법 등을 묻는 유형.

설명하는 글, 설득하는 글에서는 문장이나 구절을 통해 직접 드러내기도 하지만, 드러내지 않은 글에서는 읽는 사람이 정리하여 주제문을 작성해 보아야 주제를 찾았다고 할 수 있습니다. 설명하는 글에서는 '이처럼', '이와 같이', '요컨대' 등의 말이, 설득하는 글에서는 '그러므로', '따라서' 등의 말이 문장의 맨 앞에 놓이면 주제문일 가능성이 높습니다. 이 문항은 나른 문항들의 이해와 깊은 관련성이 있어서, 모든 문항을 풀고 다시 확인해 보는 습관을 들여야 합니다.

이야기 글에서는 서술자의 말을 통해 직접 나타나기도 하지만, 대개는 인물의 행동이나 사건을 통해 읽는 사람이 스스로 파악해야 합니다. 이야기 글을 읽으면서 인물, 사건, 배경 중 무엇이 중심에 놓여 있는지 알아차리면 주제를 쉽게 찾을 수 있습니다.

시에서는 말하는 사람이 어떤 느낌이나 생각에 사로잡혀 있는지 파악하여 정리합니다. 시에서 말하는 사람의 느낌이나 생각을 파악하기 위해서는 비유, 상징, 반어, 역설이라는 4가지 표현 방법에 대한 이해가 가장 먼저 이루어져야 합니다.

글감찾기 2

'제목찾기 2'로 나타나기도 함. 글에서 반복하여 나타난 말이나, 글의 대상이 된 것.

설명하는 글, 설득하는 글에서는 여러 번 반복하여 나타난 글의 중심 낱말을 찾아내는 것이 가장 중요합니다. 중심 낱말이 그대로 글감이 되기도 하며, 제목은 중심 낱말을 넣어 '~와(과) ~', '~의 ~', '~와(과) ~의 관계'라는 형식으로 만들 수 있습니다.

이야기 글에서는 주제 찾기에서 이미 해둔 구성의 3요소 중 무엇에 초점을 맞추었는지 다시 확인하기만 하면 글감이나 제목을 쉽게 떠올려볼 수 있습니다.

시에서는 어려운 표현을 이해하면서 사람, 사람의 마음, 자연, 사회 등 무엇을 시의 대상으로 삼고 있는지 떠올려 봅니다. 여러 번 나타나는 낱말은 글감, 제목과 관련이 깊습니다.

사실이해 3

글에 나타난 사실을 있는 그대로 이해했는지 확인.

설명하는 글, 설득하는 글에서는 긍정과 부정의 정도, 원인과 결과의 관계, 생각과 까닭, 방법과 절차 등에 유의하면서 글에 나타난 사실을 있는 그대로 이해했는지 다시 한 번 확인합니다.

이야기 글에서는 줄거리의 사실을 중심으로 이 문항이 만들어지므로, 선택지 내용이 글에 나타난 것인지 하나씩 따져보도록 합니다.

시에서는 표현만 이해하면 확인할 수 있는 내용으로 이 유형이 이루어지므로 시의 표현에 대한 공부를 미리 해두어야 합니다. 이 공부는 이 책에 실려 있는 이론을 익혀두는 것으로 충분합니다.

미루어 알기 4

글에 나타난 사실에 미루어 짐작해 본 내용.

설명하는 글, 설득하는 글에서는 글에 나타난 사실을 바탕으로 새로운 생각을 해 보는 유형의 문항이므로, 선택지의 각 항목에 나타난 내용이 글의 어떤 내용으로부터 이끌어낸 생각인지 정확히 찾아보아야 합니다.

이야기 글에서는 등장인물의 성격, 사람됨, 마음, 뒤에 이어질 이야기 등이 물음의 대상이 되므로, 인물의 말이나 그려진 행동, 사건의 진행 과정 등을 파악해두고 물음이 요구하는 대로 짐작해 봅니다.

시에서는 말하는 사람의 목소리 뒤에 숨어있는 느낌이나 생각을 떠올려 봅니다. 또 비유와 상징, 반어와 역설을 사용한 까닭을 생각해봅니다.

세부내용 5

글 전체의 모양, 어휘의 뜻, 어법, 글과 관련된 배경 지식 등.

앞에 주어진 글을 당장 이해하기 위해서도 필요하지만, 더 복잡하고 큰 글 읽기의 힘을 키우기 위해 반드시 필요한 지식을 갖추도록 하기 위해서 주어진 문항입니다. 거북하게 여길 필요 없이 주어진 문항을 통해 챙길 수 있는 지식을 머릿속에 있는 지식 창고에 저장하고 넘어가면 됩니다.

설명하는 글, 설득하는 글에서는 낱말의 뜻, 문장들이나 문단들을 이어주는 말의 구실, 고사 성어 등이 물음의 대상이므로, 이와 관련된 지식을 쌓아 둡니다.

이야기 글에서는 때와 장소를 알려주는 말을 주의 깊게 새기면서 담고 있는 뜻을 기억해두도록 합니다. 줄거리와 관련을 맺을 수 있는 역사의 사실도 익혀 둡니다.

시에서는 시 전체의 모양이 지니는 특징, 굳은 비유나 상징에 숨어있는 뜻을 묻습니다. 몇 묶음으로 되어 있는지, 줄의 길이는 어떤지를 눈여겨보고 답을 찾습니다. 늘 쓰이는 비유나 상징의 뜻을 미리 알아둡니다.

적용하기 6

글의 내용을 이해하고, 이를 바탕으로 새로운 생각을 떠올려보거나, 다른 일에 응용할 수 있는 능력.

설명하는 글, 설득하는 글에서는 글을 읽어서 알게 된 개념, 문제 해결의 방법 등을 다른 일에 실제로 적용할 수 있는지 측정하고자 하는 문항 유형입니다. '높임말'에 대한 글을 읽고 나서 높임말이 무엇인지, 어떻게 만들어내는지를 알아보고자 하는 문제라면 이 유형에 속합니다.

이야기 글에서는 인물, 사건, 배경 중에서 하나를 선택하여 글에 나타난 대로 새로운 인물의 사건, 배경을 그려 보일 수 있는지 물을 수 있으므로 인물, 사건, 배경을 글에 나타난 대로 잘 정리해두어야 합니다.

시에서는 작품에 나타난 느낌이나 생각을, 읽은 사람이 새로운 구절이나 문장으로 표현할 수 있는지 요구할 수 있습니다. 기본적으로 시에서 말하는 사람의 느낌이나 생각을 정확히 파악하는 힘을 키워나가야 합니다.

요약하기 7

글의 전체 또는 주요 내용을 간추리는 능력.

설명하는 글, 설득하는 글에서는 글을 읽으면서 중심 내용과 자잘한 세부 내용을 구별하고, 중심 내용만 간추릴 수 있는지 측정하려는 문항입니다. '주제찾기 1'을 해결하는 과정에서 찾아보았던 주제문이나 주제, 중심 낱말을 알고 있으면 쉽게 해결할 수 있습니다.

이야기 글에서는 '사실이해 3'을 풀이하면서 이미 해보았던 주요한 사건을 다시 확인하는 유형이므로 '사실이해 3'이 이미 충실히 이루어져 있다면 쉽게 풀 수 있습니다.

시에서는 출제되지 않습니다.

독해력 키움 | 01. 설명하는 글 읽기(1)

| 평가요소 | 1. ☐ 20점 | 2. ☐ 20점 | 3. ☐ 20점 | 4. ☐ 20점 | 5. ☐ 20점 |

166쪽 표의 해당하는 번호에 체크하세요.

㉠아주 먼 옛날 사람들은 땅, 돌, 나무에 지도를 그렸습니다. 그러나 이러한 지도는 시간이 지나면 지워지거나 썩어서 알아볼 수 없었고, 무거워서 가지고 다니기도 불편하였습니다. 그래서 특별한 재료를 고안해보아야 했는데 이렇게 만든 지도가 점토판 지도입니다. 점토판❶ 지도❷는 진흙으로 만든 점토판에 나뭇가지로 지도를 그린 후에 햇볕에 말려 아주 단단하게 굳힌 것으로, 오랜 시간이 지나도 변하지 않았습니다.

지금까지 잘 보존된 세계 지도 가운데 가장 오래된 것은 바빌로니아의 점토판 지도입니다. 바빌로니아는 지금의 이라크 북쪽에 있었던 나라인데, 이 지도는 글자가 만들어지기 이전의 것으로, 그림에 가까운 모습을 보여 주고 있습니다.

이 밖에도 옛날 사람들은 나무줄기에 조개껍데기와 산호조각을 붙이거나, 동물의 가죽에 나뭇조각을 붙여 지도를 만들기도 하였습니다.

주제찾기 1. 글의 중심 내용은 무엇인가요?

① 점토판 지도 ② 지워진 지도
③ 무거운 지도 ④ 나무줄기 지도
⑤ 동물의 가죽 지도

글감찾기 2. 글감이 잘 드러나도록 ☐☐에 알맞은 낱말을 쓰세요.

옛날 사람들이 그린 ☐☐

Note ❶ 점토판 : 점토로 구운 판   ❷ 지도 : 그림으로 나타낸 모형

관련 교과 **사회**

사실이해 **3.** '점토판 지도'에 대한 설명 중, 알맞은 것은 무엇인가요?

① 시간이 지나면 지워진다.
② 썩어서 알아보기 어렵게 된다.
③ 오랜 시간이 지나면 모양이 변한다.
④ 그림에 가까운 모습을 보여 주고 있다.
⑤ 글자가 만들어진 뒤에도 만들어지고 있다.

미루어알기 **4.** ㉠과 비슷한 뜻을 지닌 구절을 글에서 찾아서 □□에 알맞은 낱말을 쓰세요.

□□가 만들어지기 이전

세부내용 **5.** 세부 내용을 다음과 같이 정리하여 빈칸에 알맞은 말을 글에서 찾아 쓰세요.

땅, 돌, 나무 등에 그린 지도는 여러 가지 단점이 있어서 이를 대신하여 점토판 지도, ①□□□□에 조개껍데기와 산호조각을 붙인 지도, ②□□□□에 나뭇조각을 붙인 지도가 나타났다.

점수

1~5번 문제의 점수를 더하여 총점을 쓰고 162쪽의 표에 막대그래프로 표시하세요.

독해력 키움 | 02. 설명하는 글 읽기(2)

| 평가요소 | 1. ☐ 20점 | 2. ☐ 20점 | 3. ☐ 20점 | 4. ☐ 20점 | 5. ☐ 20점 |

166쪽 표의 해당하는 번호에 체크하세요.

(가) 널뛰기의 유래에 대하여는 살펴볼 수 있는 자료가 없고, 다만 고려 시대부터 이어져 내려왔을 것으로 짐작되고 있을 뿐입니다. 고려 시대 여성들은 말타기·격구(擊毬)[1] 같은 활달한 운동을 하였다는 기록이 있어, 널뛰기 역시 놀이의 성격으로 보아 당시의 여성들이 즐겼을 것으로 짐작되고 있습니다.

(나) 널뛰기를 할 때 필요한 준비물은 두꺼운 판자와 판자에 괼 가마니나 짚 뭉치입니다. 이때, 판자는 튼튼한 것이어야 하며 가마니는 너무 높거나 낮지 않아야 합니다.

(다) 먼저, 두 편으로 나눠 각각 널을 뛸 순서를 정합니다. 그다음에 첫 번째로 널을 뛰는 사람이 널의 양 끝에 서고, 널이 앞이나 뒤로 움직이지 않도록 가마니를 괸 곳에 한 사람이 앉습니다.

(라) 첫 번째 순서인 사람들이 판자의 양 끝에 서서 한 번씩 번갈아 가며 널을 뜁니다. 널을 뛰는 사람은 상대방이 높이 올랐다가 널에 발이 닿으면 바로 위로 뛰어야 합니다. 이때, 박자를 놓쳐서 늦게 뛰거나 상대방의 발이 널에 닿기도 전에 뛰면 뛸 자격을 잃게 됩니다. 또 균형을 잡지 못해서 널 밖으로 떨어져도 자격을 잃습니다. 뛸 자격을 잃은 편은 다른 사람이 널을 뜁니다.

(마) 이런 방법으로 널을 뛰어 상대편을 모두 떨어뜨리는 쪽이 이깁니다. 널뛰기에서 이기기 위해서는 널을 뛰는 ㉠☐☐를 잘 맞추어서 ㉡☐☐을 잡고 뛰어야 합니다.

주제찾기

1. (가)~(마)의 순서로 중심 내용의 흐름을 아래와 같이 정리하여 알맞은 낱말을 쓰세요.

> (가) 유래 → (나) ①☐☐☐ → (다) 편 가르기 → (라) 널뛰기 실행 방법과 ②☐☐ → (마) 판정

Note [1] 격구: 예전에, 젊은 무관이나 민간의 상류층 청년들이 말을 타거나 걸어 다니면서 공채로 공을 치던 무예.

제목찾기 2. 글에 알맞은 제목을 붙이기 위해 빈칸을 채우세요.

널뛰기의 유래와 □□

사실이해 3. 글을 읽고 떠올린 생각으로 알맞지 <u>않은</u> 것은 무엇입니까?

① 널뛰기는 몸을 활달하게 움직이는 운동이다.
② 널뛰기는 판자의 중앙을 괴고 하는 운동이다.
③ 널뛰기는 두 사람이 마주보고 번갈아가며 뛴다.
④ 널뛰기에서 판자의 중앙에 앉은 사람이 심판이다.
⑤ 널뛰기에서 한 편을 이루는 사람의 수는 모두 같다.

미루어알기 4. 글감인 '널뛰기'를 일컫는 말로 가장 알맞은 것은 무엇입니까?

① 민족문화
② 문화유산
③ 민속놀이
④ 명절맞이
⑤ 유물유적

세부내용 5. ㉠과 ㉡에 들어갈 알맞은 낱말을 순서대로 늘어놓은 것은 무엇입니까?

① 박자, 균형
② 시기, 현장
③ 신체, 음향
④ 소리, 무용
⑤ 악기, 사람

점수

1~5번 문제의 점수를 더하여 총점을 쓰고 162쪽의 표에 막대그래프로 표시하세요.

독해력 키움 | 03. 설명하는 글 읽기(3)

평가요소 1. ☐ 20점 | 2. ☐ 20점 | 3. ☐ 20점 | 4. ☐ 20점 | 5. ☐ 20점

166쪽 표의 해당하는 번호에 체크하세요.

오늘도 저희 놀이동산을 찾아 주셔서 감사합니다. 놀이동산을 이용하실 때에 주의할 점과 공연 시간에 대하여 잠시 안내하여 드리겠습니다.

어제 내린 비로 놀이 기구에 물기가 남아 있어 오늘은 회오리 열차를 운행하지 않습니다. 이 점 양해하시고 이용하시는 데 어려움이 없도록 참고하시기 바랍니다. 청룡 열차를 타실 때는 공중에서 회전하는 동안 몸에 지닌 물건이 밖으로 떨어지지 않도록 주의하십시오. <u>귀신의 집을 이용하실 때에는 입구에 준비되어 있는 안경을 끼고 안으로 들어가시기 바랍니다.</u> 안경을 사용하면 좀 더 실감 나는 공포❶ 체험을 하실 수 있습니다. 음악 열차를 이용하실 분들은 열차를 타기 전에 출입구에서 음악 동전을 꼭 받으시기 바랍니다. 열차 안에 준비된 음악상자에 동전을 넣으면 멋진 노래를 약 일 분간 들을 수 있습니다. 오후 두 시와 다섯 시에는 놀이동산 중앙 광장에서 여러 나라의 의상 행렬이 있습니다. 저희 놀이동산의 캐릭터❷들도 모두 나와 함께 행진을 하오니 기념 사진도 많이 찍으시기 바랍니다.

놀이동산을 이용하실 때에 ☐☐하거나 ☐☐한 내용이 있으시면 놀이동산 도우미나 안내소를 찾아 주십시오. 그럼 오늘도 안전하고 즐거운 시간 보내시길 바라며 안내 방송을 마칩니다.

주제찾기

1. 글의 내용 중, 주의 깊게 새겨야 할 것은 무엇인가요?

① 열차의 운행 구간
② 몸에 지닌 물건 간수
③ 비가 내릴 때의 대비
④ 방송을 알리는 효과음
⑤ 주의할 점과 공연 시간

Note ❶ 공포: 두렵고 무서운 일을 겪어 보는 일   ❷ 캐릭터: 소설, 만화, 극 따위에 등장하는 독특한 인물이나 동물의 모습을 디자인에 도입한 것.

제목찾기 2. 글의 제목을 완성하기 위해 빈칸에 알맞은 말을 쓰세요.

놀이동산의 □□ □□

사실이해 3. 밑줄 친 부분의 말을 한 이유로 알맞은 것은 무엇입니까?

① 물건이 밖으로 떨어지지 않기 때문에
② 더욱 멋진 노래를 들을 수 있기 때문에
③ 실감나는 공포 체험을 할 수 있기 때문에
④ 귀신을 더욱 또렷하게 볼 수 있기 때문에
⑤ 남아 있는 물기를 확인할 수 있기 때문에

미루어알기 4. 글의 내용을 들을 수 있는 곳은 어디입니까?

① 방송국
② 놀이동산
③ 회오리 열차
④ 청룡 열차
⑤ 귀신의 집

세부내용 5. 글의 흐름에 잘 어울리게 마지막 문단 빈칸에 알맞은 말을 쓰세요.

점수

1~5번 문제의 점수를 더하여 총점을 쓰고 162쪽의 표에 막대그래프로 표시하세요.

독해력 키움 | 04. 설명하는 글 읽기(4)

평가요소 1. ☐ 20점 | 2. ☐ 20점 | 3. ☐ 20점 | 4. ☐ 20점 | 5. ☐ 20점

166쪽 표의 해당하는 번호에 체크하세요.

　우리나라 안에서 한 지역은 가까운 다른 지역이나 멀리 떨어진 지역과 교류❶를 통해 도움을 주고받아요. 그런데 우리나라의 각 지역은 다른 나라의 지역과도 교류를 할까요? 우리 지역이 다른 나라의 지역과 교류를 하는지 알아보려면, 시청, 군청, 구청의 누리집에 들어가서 메뉴 중 '국제 교류' 또는 '자매 도시'를 눌러보면 된답니다.

　부산광역시는 2015년 현재 23개 나라의 26개 도시와 교류를 하고 있어요. 타이완의 가오슝, 미국의 로스앤젤레스와 시카고, 일본의 시모노세키와 후쿠오카, 에스파냐의 바르셀로나, 브라질의 리우데자네이루, 러시아의 블라디보스토크와 상트페테르부르크, 중국의 상하이, 인도네시아의 수라바야, 오스트레일리아의 빅토리아 주, 멕시코의 티후아나, 베트남의 호치민, 캐나다의 몬트리올, 터키의 이스탄불, 아랍 에미리트의 두바이, 인도의 뭄바이, 필리핀의 세부, 미얀마의 양곤 등과 교류하고 있지요.

　각 지역과의 교류 내용은 지역에 따라 달라요. 미국의 로스앤젤레스와는 서로의 행사나 축제에 참여하고, 일본의 시모노세키와는 두 지역 학생들의 교류가 이루어지고 있어요. 그리고 에스파냐의 바르셀로나와는 서로의 주요 시설 및 기관을 방문하고, 러시아의 블라디보스토크와는 학교 간의 자매결연❷을 하고 경제 토론회를 열었어요.

주제찾기　**1.** 글의 주제를 아래와 같이 정리할 때, 빈칸에 알맞은 말을 채우세요.

> 부산광역시와 세계의 다른 지역의 ☐☐

❶ 교류: 문화나 사상 따위가 서로 통하게 하는 것.
❷ 자매결연: 한 지역이나 단체가 다른 지역이나 단체와 서로 돕거나 교류하기 위하여 친선 관계를 맺는 일.

글감찾기 2. 글감을 알맞게 표현한 낱말은 무엇입니까?

① 특색　　　　② 지역　　　　③ 교류
④ 외국　　　　⑤ 수도

사실이해 3. 글을 펼쳐 나간 방식을 알맞게 설명한 것은 어느 것입니까?

① 순서에 따라 여러 지역을 소개하고 있다.
② 스스로 묻고 그 물음에 대해 답을 하고 있다.
③ 같은 성질을 지니는 것끼리 묶어서 정리하고 있다.
④ 같거나 비슷한 점을 들어서 둘을 견주어 나가고 있다.
⑤ 장소를 옮겨가면서 보고 들은 것들을 계속 나열하고 있다.

미루어알기 4. 글을 읽고 알 수 있는 내용으로 알맞은 것은 무엇입니까?

① 멀리 떨어진 지역끼리만 교류한다.
② 가까이 있는 나라는 서로를 미워한다.
③ 나라와 나라 사이의 교류는 하지 않는다.
④ 교류를 통해 지역이 서로 도움을 주고받는다.
⑤ 행사나 축제의 참여가 교류의 주된 내용이다.

세부내용 5. 우리나라와 다른 나라의 지역 사이에 이루어진 교류 내용을 정리한 표의 빈칸을 채우세요.

부산광역시	미국, 로스앤젤레스	행사나 ①□□에 참여
	일본, 시모노세키	지역 ②□□들의 교류
	에스파냐, 바르셀로나	주요 시설과 기관 ③□□
	러시아, 블라디보스토크	④□□ 자매결연, 경제 토론회

점수

1~5번 문제의 점수를 더하여 총점을 쓰고 162쪽의 표에 막대그래프로 표시하세요.

04. 설명하는 글 읽기(4) 25

독해력 키움 | 05. 설명하는 글 읽기(5)

평가요소 1. ☐ 20점 2. ☐ 20점 3. ☐ 20점 4. ☐ 20점 5. ☐ 20점

166쪽 표의 해당하는 번호에 체크하세요.

　사람이나 짐을 ㉠운반하는 자동차는 다양한 상태의 물질로 만들어졌습니다. 자갈처럼 모양이 변하지 않는 물질의 상태를 고체라 합니다. 고체는 딱딱하다, 무겁다, 부드럽다 등으로 그 상태를 표현합니다. 물처럼 모양이 일정하지 않지만, 눈에 보이는 물질의 상태를 액체라 합니다. 공기처럼 모양이 일정하지 않으며 눈에 보이지 않는 물질의 상태를 기체라 합니다. 자동차에 있는 고체, 액체, 기체에 대하여 알아봅시다.

　자동차에 사용되는 고체; 자동차의 몸체와 내부의 부품들은 대부분 고체입니다. 자동차의 몸체를 이루는 물질은 철입니다. 바퀴는 고무로 만든 타이어와 알루미늄으로 만든 휠로 이루어져 있습니다.

　자동차에 사용되는 액체; 자동차에는 여러 가지 액체도 사용됩니다. 자동차를 움직이기 위해서는 연료가 필요한데, 이때 액체인 휘발유나 경유를 사용합니다. 또 자동차의 부품이 닳는 것을 ㉡방지하기 위하여 윤활유를 넣습니다. 윤활유는 기계가 맞닿는 부분의 마찰을 줄여준답니다.

　자동차에 사용되는 기체; 기체는 자동차의 어느 부분에 있을까요. 바퀴를 채우고 있는 공기는 바퀴를 둥글게 유지시켜 주고, 자동차가 달릴 때 충격을 줄여 주는 역할을 합니다. 그리고 자동차의 에어컨에는 공기를 차갑게 만들어 주는 기체가 있어 차 안의 온도를 낮추어 줍니다.

주제찾기

1. 글에서 설명한 주요 내용은 무엇입니까?

① 자동차는 운반의 도구이다.
② 자동차의 몸체는 고체로 되어있다.
③ 자동차에 있는 액체를 기체로 바꿀 수 있다.
④ 자동차는 여러 가지 상태의 물질로 만들어졌다.
⑤ 자동차에 사용되는 고체, 액체, 기체는 일정한 형태가 있다.

제목찾기 2. 글의 제목을 아래와 같이 붙여서 빈칸에 알맞은 낱말을 쓰세요.

자동차에 있는 ①☐☐의 ②☐☐

사실이해 3. 글을 쉽게 이해할 수 있도록 사용한 방법은 무엇입니까?

① 물건에 대해 이름을 정확히 붙였다.
② 모양, 움직임, 색깔 등을 떠올리도록 했다.
③ 성질이 같은 것들을 묶어서 종류를 나누었다.
④ 서로 다른 점을 견주면서 한쪽의 특징을 강조했다.
⑤ 일이 이루어지는 순서에 따라 항목을 나누어 나열했다.

미루어알기 4. 글을 읽고 떠올린 생각으로 알맞지 않은 것은 무엇입니까?

① 비행기는 한 가지 상태의 물질로 만들 수 있다.
② 종이를 이루고 있는 물질의 상태는 고체이다.
③ 음료수를 이루고 있는 물질의 상태는 액체이다.
④ 기체는 담는 그릇에 따라 모양이 변한다.
⑤ 자동차의 부속품은 주로 고체로 되어 있다.

세부내용 5. ㉠과 ㉡을 쉬운 우리말로 모두 옳게 고쳐서 짝을 지은 것을 고르세요.

	㉠	㉡
①	태워서 옮기는	피해가기
②	실어서 나르는	머뭇거리기
③	옮겨서 나르는	막아내기
④	실어서 나르는	미리 알기
⑤	태워서 건너는	방해하기

점수

1~5번 문제의 점수를 더하여 총점을 쓰고 162쪽의 표에 막대그래프로 표시하세요.

독해력 키움 | 06. 설명하는 글 읽기(6)

| 평가요소 | 1. ☐ 20점 | 2. ☐ 20점 | 3. ☐ 20점 | 4. ☐ 20점 | 5. ☐ 20점 |

166쪽 표의 해당하는 번호에 체크하세요.

일상생활에 이용하고 있는 로봇 중에는 동물의 생김새와 특징을 이용한 것이 있습니다. 한국해양과학기술원에서 게를 본떠 만든 ㉠해저 탐사 로봇인 '크랩스터'는 여섯 개의 다리 중 네 개의 다리로는 바닷속을 걸어 다니며 탐사 활동을 하고, 두 개의 앞다리로는 다양한 자료를 수집합니다. 미국국립항공우주국에서 개구리를 본떠 만든 '호핑 로봇'은 울퉁불퉁하고 장애물이 많은 행성¹의 표면을 개구리처럼 뛰어서 목표물까지 이동합니다.

최근 일본에서 지진과 해일²로 건물이 무너졌을 때 건물 더미에 묻힌 사람을 찾아내기 위해 뱀 모양의 탐사 로봇인 '액티브 스코프 카메라'를 사용하였습니다. 이것은 무너진 건물의 깊은 곳까지 들어가 사람의 생명을 구하는 데 큰 역할을 하였습니다. 이 밖에도 갈매기의 생김새와 나는 모양을 본떠 만든 '스마트 버드 로봇', 개의 생김새와 이동 방법을 본떠 만든 '빅독 로봇', 도마뱀붙이를 본떠 만든 '스틱카봇' 등이 있습니다.

㉡인체의 내부를 들여다보는 첨단 의료 장비인 내시경의 움직임은 자벌레가 뒷다리는 고정하고 몸을 늘여 앞으로 나간 다음 앞다리를 고정하여 뒷다리를 끌어오는 방식을 응용한 것입니다. 또 내시경의 정지 방식에는 도마뱀붙이의 발바닥 구조를 응용하여 미끄러지지 않고 이동할 수 있게 된 것입니다.

주제찾기 1. 글의 주요 내용을 간추린 아래 문장의 빈칸을 채우세요.

> 동물의 ☐☐☐와 ☐☐을 본떠 생활에 유용한 로봇을 만들 수 있습니다.

제목찾기 2. 이 글은 무엇을 설명한 글입니까?

① 로봇의 모양과 특징 ② 로봇의 이용 방법
③ 과학 기술의 발전 ④ 동물과 로봇의 비교
⑤ 일상 생활과 과학의 관계

Note ¹ 행성 : 중심 별의 강한 인력의 영향으로 타원 궤도를 그리며 중심 별의 주위를 도는 천체. 스스로 빛을 내지 못하고, 중심 별의 빛을 받아 반사한다. ² 해일 : 해저의 지각 변동이나 해상의 기상 변화에 의하여 갑자기 바닷물이 크게 일어서 육지로 넘쳐 들어오는 것.

사실이해

3. 글의 내용을 아래 표로 정리했을 때 알맞지 <u>않은</u> 것은 어느 것입니까?

	로봇	본뜬 동물
①	크랩스트	게
②	호핑 로봇	개구리
③	스마트 버드	갈매기
④	스틱카봇	개
⑤	내시경	자벌레

미루어알기

4. 이 글은 무엇을 하기 위해 쓴 것입니까?

① 몰랐던 것을 알려주기 위해
② 새로 알게 된 일을 자랑하기 위해
③ 사실을 확인시켜주기 위해
④ 생각을 고치도록 하기 위해
⑤ 힘을 내어 일하도록 용기를 주기 위해

세부내용

5. ㉠, ㉡을 순우리말로 정확하게 고쳐 놓은 것을 고르세요.

	㉠	㉡		㉠	㉡
①	물밑	몸 안	②	밑바탕	몸 속
③	바다 밑	사람 몸	④	강바닥	몸 안
⑤	물바다	사람 몸			

1~5번 문제의 점수를 더하여 총점을 쓰고 162쪽의 표에 막대그래프로 표시하세요.

점수

독해력 키움 | 07. 설명하는 글 읽기(7)

| 평가요소 | 1. ☐ 20점 | 2. ☐ 20점 | 3. ☐ 20점 | 4. ☐ 20점 | 5. ☐ 20점 |

166쪽 표의 해당하는 번호에 체크하세요.

화석❶은 주로 암석이나 지층 속에서 동식물의 몸체 또는 흔적으로 발견되지만, 어떤 동식물은 살아 있던 모습 그대로 발견되기도 합니다. 화석이 보존되는 방법에는 여러 가지가 있습니다.

죽은 ㉠□□이 얼음 속에서 보존되기도 합니다. 러시아의 시베리아에서는 생김새가 코끼리와 비슷하지만, 오래전에 멸종된 매머드가 얼음 속에서 꽁꽁 언 채 발견되었습니다. 매머드는 약 480만 년 전부터 4000년 전까지 살았던 코끼리의 조상으로, 긴 코와 큰 어금니를 가졌습니다. 추위에도 견딜 수 있게 몸통이 털로 뒤덮여 있습니다.

나무에서 흘러나온 송진이 땅속에서 오랜 시간이 지나면 굳어져 호박 화석이 됩니다. 이러한 호박 화석 중에는 곤충이 보존된 것도 있습니다. 소나무나 전나무 등에 살던 곤충이 송진에 갇혀 함께 화석이 되었기 때문입니다. 곤충이나 식물이 들어 있는 호박은 옛날의 생물을 연구하는 데 귀중한 자료로 쓰이고, 일부는 값비싼 보석으로 사용되기도 합니다.

또 나무가 땅속에 묻혀 있는 동안에 나무줄기 속으로 다른 물질이 스며들어 굳어져 화석이 된 것을 '규화목'이라고 합니다. 규화목은 나무의 모양은 물론이고 나뭇결까지 보존하고 있기 때문에 옛날의 ㉡□□을 연구하는 데 유용❷합니다.

주제찾기

1. 주제로 알맞은 것은 무엇입니까?

① 화석과 암석
② 동식물의 몸체
③ 살아있는 화석
④ 화석의 여러 모습
⑤ 보석이 된 화석

제목찾기

2. 글감을 글에서 찾아 쓰세요.

❶ 화석: 지질 시대에 생존한 동식물의 유해와 활동 흔적 따위가 퇴적물 중에 매몰된 채로 또는 지상에 그대로 보존되어 남아 있는 것을 통틀어 이르는 말. 생물의 진화, 그 시대의 지표 상태를 아는 데에 큰 도움이 된다.
❷ 유용: 쓸모가 있음.

관련 교과 과학

사실이해 3. 글의 짜임새를 아래의 표로 정리하여 완성하기 위해 알맞은 낱말을 쓰세요.

	종류	보존 방법	예
화석	동물	□□ 속에 꽁꽁 언 채	매머드
	식물	송진이 땅속에서 굳음	□□ 화석
		나무줄기 속에 다른 물질이 스며들어 굳음	□□□

미루어알기 4. 글을 읽고 떠올린 생각 중, 알맞은 것은 무엇입니까?

① 화석 중에는 지금도 살아 있는 게 있겠네.
② 코끼리의 화석은 얼음 속에서만 생기겠네.
③ 나무에 살던 곤충이 화석 속에서 발견되겠네.
④ 값비싼 보석은 화석을 되살려 만들어지네.
⑤ 나무가 땅속에 묻혀 썩어서 화석이 되네.

세부내용 5. ㉠과 ㉡에 들어갈 낱말을 순서에 따라 늘어놓은 것은 어느 것 입니까?

① 동물 – 식물
② 식물 – 동물
③ 암석 – 보석
④ 보석 – 암석
⑤ 식물 – 보석

점 수

1~5번 문제의 점수를 더하여 총점을 쓰고 162쪽의 표에 막대그래프로 표시하세요.

08. 설명하는 글 읽기(8)

| 평가요소 | 1. ☐ 20점 | 2. ☐ 20점 | 3. ☐ 20점 | 4. ☐ 20점 | 5. ☐ 20점 |

166쪽 표의 해당하는 번호에 체크하세요.

　우리가 아는 동물은 대부분 이가 있습니다. 동물은 이로 먹이를 잡거나 씹어서 삼킵니다. 그러나 이가 없는 동물도 있습니다. 이가 없는 동물도 저마다 다른 방법으로 먹이를 먹습니다.

　부리를 이용하여 먹이를 잡거나 먹는 동물이 있습니다. 독수리는 튼튼하고 끝이 갈고리처럼 구부러진 부리로 먹이를 찢어 먹습니다. 딱따구리는 가볍고 단단한 부리로 구멍을 파 나무에 숨어 있는 곤충을 잡아먹습니다. 그리고 왜가리는 길고 끝이 뾰족한 부리로 머리를 물에 담그지 않고도 먹이를 잡아먹을 수 있습니다.

　혀로 먹이를 잡거나 먹는 동물도 있습니다. 카멜레온은 곤봉처럼 생긴 아주 긴 혀를 총처럼 쏘아서 벌레를 잡아 삼킵니다. 두꺼비도 카멜레온보다는 짧지만 길고 넓은 혀로 번개처럼 빠르게 벌레를 잡아 삼킵니다. 달팽이는 치설[1]이라고 하는, ☐☐☐로 잎이나 꽃을 갉아먹습니다. 그리고 개미핥기는 끈끈한 혀로 흰개미를 핥아 먹습니다.

　입으로 먹이를 빨아들이거나 물과 함께 마시는 동물도 있습니다. 바다에 사는 해마는 기다란 주둥이 끝에 달린 진공청소기처럼 생긴 긴 입으로 아주 작은 동물을 빨아들입니다. 흰긴수염고래와 같이 고래수염이 있는 고래들은 크릴새우를 바닷물과 함께 들이마십니다. 그런 다음에 물은 고래수염 사이로 뱉어내고 크릴새우만 걸러서 삼킵니다.

　이가 없는 동물도 저마다 여러 가지 방법으로 먹이를 먹습니다. 부리를 이용하여 먹이를 잡거나 먹기도 하고, 혀로 먹이를 잡거나 먹기도 하며, 입으로 먹이를 빨아들이거나 물과 함께 마시기도 합니다.

주제찾기

1. 글에 대해 선생님이 묻고, 학생이 답하는 다음 대화의 빈칸을 채우세요.

> 선생님: 이 글은 무엇을 중심 내용으로 삼고 있습니까?
> 학생: 이가 없는 동물이 ☐☐☐ ☐☐ ☐☐을 중심 내용으로 삼고 있습니다.

Note
[1] 치설: 연체동물의 입 속에 있는 줄 모양의 기관. 키틴질이 많은 작은 이가 늘어서 있으며, 먹이를 섭취하는 구실을 한다.

글감찾기 2. 글감으로 알맞은 것을 고르세요.

① 동물의 먹이 종류
② 동물의 이의 모양
③ 이가 없는 동물의 먹이 활동
④ 먹이의 종류와 먹는 방법
⑤ 동물의 종류와 이의 모양

사실이해 3. 글을 쉽게 이해시키기 위해, 글쓴이가 사용한 방법은 무엇입니까?

① 그림처럼 그리기
② 둘을 나란히 견주기
③ 예를 많이 들기
④ 정확히 가리키기
⑤ 같은 것끼리 묶기

미루어알기 4. 글을 읽고 떠올린 생각으로 알맞지 <u>않은</u> 것은 무엇인가요?

① 새들은 대개 부리로 먹이를 먹는다.
② 대부분의 동물은 이로 먹이를 먹는다.
③ 두꺼비는 카멜레온보다 먹이를 더 많이 먹는다.
④ 수염고래는 먹이를 먹을 때 바닷물을 걸러낸다.
⑤ 이가 없는 동물이 먹이를 먹는 방법은 여러 가지이다.

세부내용 5. □□ □에 들어갈 알맞은 말은 무엇인가요?

① 거친 혀 ② 거친 이 ③ 여린 혀 ④ 여린 이 ⑤ 얇은 혀

점수

1~5번 문제의 점수를 더하여 총점을 쓰고 162쪽의 표에 막대그래프로 표시하세요.

독해력 키움 | 09. 설명하는 글 읽기(9)

평가요소 1. ☐ 20점 2. ☐ 20점 3. ☐ 20점 4. ☐ 20점 5. ☐ 20점

166쪽 표의 해당하는 번호에 체크하세요.

(가) 옷을 만드는 물질은 여러 가지가 있습니다. 목화를 재배하여 얻는 면 섬유, 양과 같은 동물의 털로 만든 모 섬유, 누에고치에서 뽑은 견섬유 등의 천연 섬유로 옷을 만듭니다. 요즈음에는 옷 대부분을 석유와 석탄 등의 원료를 이용한 합성 섬유로 만듭니다.

(나) 우리가 입고 있는 옷 안의 제품 설명서를 보면 폴리에스타나 나일론 등의 이름을 볼 수 있는데, 이것이 석유에서 나온 원료로 만든 합성 섬유입니다. 그런데 음료수를 담는 그릇인 페트병으로도 옷을 만들 수 있다고 합니다. 2010년 남아프리카공화국 월드컵 때 출전한 32개 국가 중에서 우리나라 등 9개 나라 선수들이 입었던 유니폼이 바로 페트병을 ㉠☐☐☐하여 만든 옷입니다.

(다) 페트병으로 옷을 만들 때는, 먼저 페트병을 색깔별로 나누어 각각 모아둡니다. 둘째, 손톱 반 정도의 크기로 페트병을 잘게 나눕니다. 셋째, 잘게 나누어진 조각을 일정한 모양의 알갱이(펠릿)로 만듭니다. 넷째, 펠릿에 열과 압력을 가하여 녹이고 이로부터 실을 뽑아냅니다. 다섯째 이 실로 섬유를 짜고 옷을 만듭니다.

(라) 이렇게 만들어진 우리나라 월드컵 축구 국가 대표 선수의 유니폼 한 벌의 무게는 130g 정도로, 2006년 독일 월드컵 때 입었던 유니폼보다 훨씬 가벼울 뿐만 아니라 땀이 잘 ㉡☐☐되고 빨리 마릅니다. 그래서 운동 선수의 유니폼으로 매우 좋은 평가를 받았습니다. 또 재료 가격이 싸서 유니폼의 제작비용을 줄이는 데도 도움이 되었다고 합니다.

주제찾기

1. 글을 읽고 얻은 주요 정보를 아래와 같이 정리할 때, 빈칸에 알맞은 말을 쓰세요.

> 우리가 생활에서 쓰고, 쓰레기로 버리는 물건을 폐기물이라고 한다. 이러한 폐기물을 ☐☐☐하여 새로운 생활 도구를 만들 수 있다.

관련 교과 **과학**

제목찾기 2. 글의 제목으로 알맞은 것은 무엇입니까?

① 옷을 만드는 물질 ② 섬유의 종류
③ 합성 섬유의 원료 ④ 페트병으로 만든 옷
⑤ 월드컵 축구와 유니폼

사실이해 3. 글의 내용으로 나타나지 <u>않은</u> 것은 무엇입니까?

① 천연 섬유로 옷을 만들 수 있다.
② 합성 섬유로 옷을 만들 수 있다.
③ 2010년에 합성 섬유로 처음 옷을 만들었다.
④ 여러 단계를 거쳐 페트병으로 옷을 만든다.
⑤ 남아공월드컵 때 우리나라 선수들이 참가했다.

미루어알기 4. (가)~(라)중, 어떤 물건을 만드는 순서에 따라 글을 쓴 것은 어느 것입니까?

① (가) ② (나) ③ (다)
④ (라) ⑤ (나), (다)

세부내용 5. 글의 ㉠과 ㉡에 들어갈 낱말을 모두 옳게 짝지어 놓은 것은 무엇입니까?

	㉠	㉡		㉠	㉡
①	재활용	흡수	②	재탈환	호흡
③	재진입	흡입	④	재활용	호흡
⑤	재탈환	흡수			

점수

1~5번 문제의 점수를 더하여 총점을 쓰고 162쪽의 표에 막대그래프로 표시하세요.

09. 설명하는 글 읽기(9)

독해력 키움 | 10. 설명하는 글 읽기(10)

평가요소 | 1. ☐ 15점 | 2. ☐ 15점 | 3. ☐ 15점 | 4. ☐ 15점 | 5. ☐ 20점 | 6. ☐ 20점

166쪽 표의 해당하는 번호에 체크하세요.

　우리말에는 높임말❶이 잘 발달되어 있어요. 높임말을 제대로 쓸 수 있으면 훨씬 밝은 사회가 될 수 있답니다. 높임말에는 상대를 공경하는 마음이 담겨 있기 때문이지요. 그리고 또래나 아랫사람에게 말하더라도 처음 만나거나 여러 사람 앞에서 발표할 때와 같이 예의를 갖추어야 하는 자리에서는 높임말을 사용합니다.

　그럼 높임말을 나타내는 방법을 알아볼까요. 높임의 뜻이 있는 낱말을 사용하는 방법이 있습니다. '말씀', '진지❷', '뵙다', '주무시다', '잡수시다' 등은 원래 높임의 뜻이 있는 낱말이어서 이런 낱말이 들어간 문장은 높임의 뜻이 있습니다. 문장을 '-습니다'로 끝내는 방법도 있습니다. '오늘은 날씨가 좋습니다.'라고 하여 말을 듣는 사람을 높일 수 있습니다. 또 '-께'나 '-께서'를 붙여 높임을 나타내는 방법도 있답니다. '선생님께 편지를 썼다.', '할머니께서 시장에 가셨다.'에서 볼 수 있지요. 하나만 덧붙이면, '-시-'를 넣어 높이는 방법이 있답니다. '어머니께서 여행을 가셨다.'에서 확인할 수 있지요.

　높임의 방법이 제법 복잡해 보이지만 이 정도만 알아도 높임말을 제대로 쓸 수 있답니다. 아름다운 우리말을 쓸 수 있도록 이만큼은 알아야지요.

주제찾기　**1. 글의 내용이 <u>아닌</u> 것은 무엇인가요?**

① 높임말이 발달되어 있는 우리말
② 높임말을 써야 하는 이유
③ 높임말을 써야 할 때
④ 높임말을 쓰지 않아야 할 때
⑤ 높임말을 나타내는 방법

　❶ 높임말: 사람이나 사물을 높여서 이르는 말.　❷ 진지: '밥'의 높임말.

글감찾기 2. 글의 중심 낱말을 찾아서 쓰세요.

사실이해 3. 글에서 설명한 높임말을 나타내는 방법의 가짓수는 몇인지 숫자를 쓰세요.

미루어알기 4. 글을 읽고 떠올린 생각으로 알맞지 <u>않은</u> 것을 고르세요.

① 예의에 맞는 말을 써야한다.
② 낱말 자체가 높임의 뜻이 있는 것도 있다.
③ 아랫 사람에게 높임말을 쓰는 경우도 있다.
④ 높임말은 듣는 사람을 높일 때만 사용한다.
⑤ 높임말을 잘못 사용하면 듣는이가 불쾌할 수 있다.

세부내용 5. 둘째 문단의 짜임새를 아래의 표로 정리했습니다. 빈칸을 채워 완성하세요.

높임을 나타내는 방법	예문
높임의 단어 사용	아버지께서 ① □□를 잡수신다.
문장을 '–습니다'로 맺기	오늘은 날씨가 ② □□□□.
'–께, ③ –□□' 붙이기	아버지께서 일어나셨다.
'④ –□–' 붙이기	여행을 가셨다.

적용하기 6. 아래 문장에서 높임을 나타내는 방법을 알맞게 설명한 것은 어느 것인가요?

> 나는 설날 할아버지께 세배를 드렸다.

① 높임을 나타내는 낱말을 사용하고 '–께'를 붙였다.
② 높임을 나타내는 낱말을 사용하고 '–습니다.'로 맺었다.
③ 높임을 나타내는 낱말을 사용하고 '–시–'를 붙였다.
④ '–께'를 사람에 붙이고 '–시–'를 동사에 붙였다.
⑤ '–시–'를 동사에 붙이고 문장을 '–습니다.'로 맺었다.

점 수

1~6번 문제의 점수를 더하여 총점을 쓰고 162쪽의 표에 막대그래프로 표시하세요.

독해력 키움 | 11. 설명하는 글 읽기(11)

| 평가요소 | 1. ☐ 20점 | 2. ☐ 15점 | 3. ☐ 15점 | 4. ☐ 15점 | 5. ☐ 15점 | 6. ☐ 20점 |

166쪽 표의 해당하는 번호에 체크하세요.

　　외국에 있는 병원의 의사와 의견을 나누어가면서 우리나라에 있는 병원에서 수술하는 것이 가능할까요? 꿈으로만 여겨지던 이러한 수술이 가능해졌습니다. 화면과 더불어 기자의 보도 내용을 살펴보도록 합니다.

　　화면을 보시면, 우리나라 환자의 수술 장면이 다른 나라의 병원에 있는 회의장의 의사들에게 생중계되고 있습니다. 의사의 손동작은 물론이고 환자의 현재 상태, 수술 도구의 움직임까지 생생하게 전달되고 있습니다. 수술 중인 의사와 회의장의 다른 의사들이 곧바로 수술에 관해 의견을 나누기도 합니다. 이처럼 수술을 하는 우리나라 의사와 다른 나라 의사들이 화면을 보면서 토론을 할 수 있는 것은 초고속인터넷이 보내주는 입체화면 덕분입니다.

　　이처럼 수술 장면을 촬영해 멀리 생중계하는 것은 ㉠새로운 의사소통의 수단을 이용한 첨단 진료 형태입니다. 이러한 의사소통 수단의 활용으로 의료 수준을 높이고 환자의 치료를 돕고 있는 것입니다. 스마트폰으로 물건을 사는 것이 생활에 편리함을 주는 것처럼, 외국에 있는 의사의 의견을 들으며 우리나라에서 수술하는 것은 많은 사람의 건강과 안전에 도움을 줍니다.

주제찾기　**1.** 글의 주제를 아래와 같이 간추릴 때 ☐☐ ☐☐에 알맞은 말을 쓰세요.

> 새로운 의사소통 수단을 이용한 ☐☐ ☐☐ 형태

글감찾기　**2.** 글에서 다루고 있는 것은 무엇입니까?

① 환자를 수술하는 장면　　② 기자의 보도 내용
③ 수술 중인 의사의 표정　　④ 회의장의 의사들
⑤ 스마트폰의 활용 방법

38 비문학

관련 교과 과학

사실이해

3. 글에 나타나지 <u>않은</u> 내용을 찾으세요.

① 환자의 현재 상태
② 수술 도구의 움직임
③ 환자를 수술하는 장면
④ 의사들이 의견을 나누는 장면
⑤ 스마트폰으로 물건을 사는 장면

미루어알기

4. 글을 읽고 떠올린 생각으로 알맞은 것은 무엇입니까?

① 로봇이 사람들의 생활을 편리하게 한다.
② 병원이 없어져도 사람들의 수명이 길어진다.
③ 돌봐주는 사람 없이 노인의 진료가 가능해진다.
④ 집에 있으면서 병원의 의사로부터 도움을 받을 수 있다.
⑤ 외국의 의사가 있어야 우리나라 의사가 수술할 수 있다.

세부내용

5. ㉠이 가리키는 내용은 무엇입니까?

① 수술 장면의 생중계
② 수술에 관한 의견 교환
③ 수술하는 장면의 촬영
④ 우리나라 환자의 수술 장면
⑤ 초고속인터넷이 보내주는 입체화면

적용하기

6. 첨단 진료가 주는 도움을 다음과 같이 정리하여 □□를 채우세요.

새로운 의사소통의 수단을 이용한 진료
↓
많은 사람들의 □□과 □□에 도움을 줌

점수

1~6번 문제의 점수를 더하여 총점을 쓰고 162쪽의 표에 막대그래프로 표시하세요.

독해력 키움 | 12. 설명하는 글 읽기(12)

평가요소 1. ☐ 20점 | 2. ☐ 20점 | 3. ☐ 20점 | 4. ☐ 20점 | 5. ☐ 20점

166쪽 표의 해당하는 번호에 체크하세요.

　　노리개는 여성의 몸치장을 위해 한복 저고리의 고름이나 치마허리 등에 다는 장신구였어요. 예부터 허리에 매달아 사용하다가 조선 시대에 들어오며 대부분 저고리의 고름에 달게 되었어요. 은이나 산호, 옥과 같은 보석이나 곱게 수를 놓은 비단 주머니를 널리 애용하였다고 해요. 나라의 중요한 의식이나 집안에 경사가 있을 때 달았고, 간단한 것은 평상시에도 달았는데 양반들은 노리개를 자손 대대로 물려주어 ㉠가풍을 전하기도 하였답니다.

　　노리개는 기본적으로 '끈, 보석, 매듭, 술'로 이루어졌으며, 이 한 묶음을 '작'이라고 해요. 노리개에 무엇을 매다느냐에 따라 그 쓰임이 다양했어요. 향을 넣은 집을 매단 향노리개는 몸에서 좋은 향이 나도록 돕고 나쁜 기운을 쫓고 뱀에게서 몸을 보호해 주었어요. 그 속에 든 향을 물에 타 마시면 급한 체증에도 효험[1]이 있는 구급약품이었어요.

　　또, 바늘을 넣는 바늘집노리개도 있어요. 바늘을 보관하기 위한 바느질 용구로 바늘이 녹슬지 않게 하려고 바늘집 속에 머리카락이나 분가루를 넣고 사용하였다고 해요.

　　가장 유명한 노리개는 은장도 노리개인데, 자신을 지키는 호신용으로 사용되었다고 해요. 은장도의 재료는 은이고 칼날은 강철이며, 칼에 '일편단심'[2]이라는 글씨를 새기기도 하였답니다. 또 은젓가락이 달린 경우가 있는데, 밖에서 식사하게 되는 경우 젓가락으로 사용하였고, 음식에 독이 있는지를 알아보기 위한 도구로 사용하기도 했다는 얘기도 있어요.

　　이렇게 살펴보니 노리개를 차는 이유가 단순히 장식적인 의미가 아니라는 걸 알겠죠? 노리개는 보기에는 섬세하고 화려한 장식이기도 하지만, 단순히 장식적인 의미를 넘어 그 당시 생활상과 정성, 바람이 담겨 있었답니다.

주제찾기

1. 글의 주요 내용을 아래와 같이 간추려 빈칸을 채워 완성하세요.

> 노리개의 주된 용도는 ☐☐☐이지만, 때로는 당시의 ☐☐☐과 정성, 바람을 담아내기도 하였다.

Note
[1] 효험: 일의 좋은 보람. 또는 어떤 작용의 결과.
[2] 일편단심: 한 조각의 붉은 마음이라는 뜻으로, 진심에서 우러나오는 변치 아니하는 마음을 이르는 말.

관련 교과 사회

제목찾기 2. 아래의 낱말 중, 글의 제목을 붙일 때 반드시 들어가야 할 낱말 2개를 찾아 쓰세요.

> 노리개, 장신구, 저고리, 호신용, 쓰임, 보호, 효험, 도구

사실이해 3. 글에 나타난 내용이 <u>아닌</u> 것은 무엇인가요?

① 노리개는 허리에 매달아 사용했다.
② 노리개는 농사에 꼭 필요한 물건이었다.
③ 노리개의 표면에는 글씨를 새기기도 했다.
④ 노리개 중에는 바늘을 보관하는 것이 있었다.
⑤ 노리개는 재료가 다른 네 부분으로 이루어졌다.

미루어알기 4. 윗 글과 아래의 글을 읽고 떠올린 생각으로 알맞은 것은 무엇입니까?

> 신발도 의생활의 한 부분입니다. 옛날 사람들은 주변에서 쉽게 구할 수 있는 짚, 나무 등의 재료로 짚신과 나막신을 만들어 신었고, 질기고 물이 새지 않는 고무신이 나타나자 고무신을 신었습니다. 오늘날 우리는 더욱 튼튼한 운동화나 구두를 신습니다.

① 예나 지금이나 의생활에 변화가 없다.
② 옛날 사람들은 훨씬 편한 의생활을 했다.
③ 입거나 걸치는 물건은 시대에 따라 변한다.
④ 신발 모양은 기후에 따라 크게 바뀐다.
⑤ 장신구는 모든 사람이 좋아한다.

세부내용 5. ㉠과 같은 어려운 낱말의 뜻을 알아내기 위한 방법으로 알맞은 것은 무엇입니까?

① 큰 소리로 반복해서 읽는다.   ② 글 전체를 끝까지 계속 읽는다.
③ 친구에게 뜻이 무엇인지 물어본다.   ④ 같은 낱말이 나온 문장을 기억해본다.
⑤ 앞선 말과 연결 지어 가면서 뜻을 떠올려본다.

점수

1~5번 문제의 점수를 더하여 총점을 쓰고 162쪽의 표에 막대그래프로 표시하세요.

독해력 키움 | 13. 설명하는 글 읽기(13)

| 평가요소 | 1. ☐ 20점 | 2. ☐ 15점 | 3. ☐ 15점 | 4. ☐ 15점 | 5. ☐ 15점 | 6. ☐ 20점 |

166쪽 표의 해당하는 번호에 체크하세요.

(가) 도로가 음악을 연주하게 할 수 있습니다. 도로에 적당한 간격으로 홈을 파 놓으면 자동차가 달릴 때 차 안에서 가락을 들을 수 있습니다. 도로의 홈 위로 자동차 바퀴가 지날 때 떨림이 생겨 소리가 납니다. 이때 홈 사이의 간격이 넓으면 낮은 소리가 나고, 홈 사이의 간격이 좁으면 높은 소리가 납니다. 또 홈을 같은 간격으로 얼마나 길게 반복하여 놓느냐에 따라 그 음의 길이를 조절할 수 있습니다.

충청북도 청원군과 경상북도 상주시를 잇는 고속도로에 음악을 연주하는 구간이 있었습니다. 이 구간에는 홈이 파여 있어서 자동차가 한 시간에 100km를 가는 빠르기보다 빠르게 도로의 홈 위를 지나가면 전체적으로 음이 높고 빠른 박자의 '자전거' 가락을 들을 수 있고, 느리게 도로의 홈 위를 지나가면 전체적으로 음이 ㉠☐☐☐ 박자의 '자전거' 가락을 들을 수 있었어요.

(나) 내 목소리를 내가 들을 때와 다른 사람이 들을 때 소리가 전달되는 경로❶가 서로 달라요. 다른 사람이 들을 때는 공기를 통해 전달되는 소리만을 듣지만, 내가 들을 때에는 머리의 뼈와 근육을 통해 전달되는 소리를 함께 듣게 돼요.

내가 음식을 씹는 소리가 유난히 ㉡☐☐☐ 것은 씹는 소리가 뼈와 근육을 통해 귀로 직접 전달되기 때문이에요.

소리는 공기만을 통해서 전달되는 것이 아니에요. 내 목소리를 들을 때와 같이 머리의 뼈와 근육을 통해서 전달되기도 하고, 땅이나 아파트의 벽을 통해서 전달되기도 해요. 이렇게 소리를 전달하는 물질은 물, 실, 용수철, 유리, 나무, 땅 등 매우 다양하답니다.

옛날 인디언들은 땅에 귀를 대고 먼 곳에서 이동하는 말 발소리를 들었다고 해요. 공기 중으로는 들리지 않는 말 발소리를 땅을 통해 들었다니 신기하지요?

Note ❶ 경로: 지나가는 길.

주제찾기

1. (가)와 (나) 글의 주요 내용을 간추린 아래 글의 빈칸을 채우세요.

> (가)의 글은 먼저 도로가 음악을 연주하는 과학적 ①□□를 설명하고, 다음에 음악을 연주하는 ②□□□□를 예로 들어서 이해를 돕고 있습니다.
> (나)의 글은 소리가 전달되는 경로가 ③□□뿐만 아니라 여러 가지 물질을 통해서도 이루어진다는 사실을 설명하고, 이를 내가 음식을 씹을 때 더 크게 들을 수 있는 소리와 인디언이 ④□에 귀를 대고 들었던 소리를 예로 들어 이해를 돕고 있습니다.

글감찾기

2. (가), (나) 두 편의 글이 공통적으로 글감으로 삼고 있는 것이 무엇인지 한 낱말로 쓰세요.

사실이해

3. (가)와 일치하는 내용은 무엇입니까?

① 모든 도로가 음악을 연주할 수 있다.
② 울퉁불퉁한 도로가 연주에 유리하다.
③ 도로에 홈을 파지 않아야 연주가 가능하다.
④ 차의 안과 밖에서 같은 소리를 들을 수 있다.
⑤ 자동차의 속도에 따라 다른 소리를 들을 수 있다.

관련 교과 **과학**

미루어알기

4. ㉠에 들어갈 말로 알맞은 것은 무엇입니까?

① 낮고 느린
② 높고 빠른
③ 낮고 빠른
④ 높고 느린
⑤ 느낌 없는

세부내용

5. (나)의 ㉡에 들어갈 알맞은 말을 고르세요.

① 많이 보이는
② 적게 보이는
③ 크게 들리는
④ 작게 들리는
⑤ 많이 들리는

적용하기

6. (나)를 읽고, 아래와 같은 일이 생긴 원인으로 알맞게 떠올린 것은 무엇입니까?

> 아파트의 7층에 사는 민재 어머니는 위층에서 아주 큰 소리가 나는 듯해서 바로 위층에 사는 보영이 엄마에게 가서 얼굴을 붉히며 제발 조용히 좀 하고 살자며 사정을 하였습니다. 그런데 보영이 엄마는, 자기네 집에는 그렇게 큰 소리를 낼 사람도, 일도 없다고 했습니다.

① 소리가 공기를 통해 멀리 떨어진 집에서 왔기 때문이다.
② 소리가 벽을 타고 이웃의 다른 집에서 왔기 때문이다.
③ 소리가 배수관을 타고 아랫집에서 왔기 때문이다.
④ 소리가 땅에 반사되어 1층에서 왔기 때문이다.
⑤ 소리가 나무를 통해 창밖에서 왔기 때문이다.

점 수

1~6번 문제의 점수를 더하여 총점을 쓰고 162쪽의 표에 막대그래프로 표시하세요.

14. 설명하는 글 읽기(14)

평가 요소 | 1. ☐ 20점 | 2. ☐ 15점 | 3. ☐ 20점 | 4. ☐ 15점 | 5. ☐ 15점 | 6. ☐ 15점

166쪽 표의 해당하는 번호에 체크하세요.

(가) 기후에 따라 사람들이 생활하는 모습이 다릅니다. 입는 옷, 먹는 음식, 사는 집도 기후와 깊은 관련이 있습니다. 기후에 따라 생활 모습이 어떻게 다른지 알아봅시다.

(나) 기후에 따라 입는 옷이 달라집니다. 추운 겨울에는 몸의 열을 빼앗기지 않으려고 가죽옷이나 두꺼운 털옷을 입습니다. 그러나 무더운 여름에는 몸에서 생기는 열을 내보내기 위하여 얇고 성긴 옷을 입습니다.

(다) 한복도 여름에는 몸에 잘 붙지 않도록 까슬까슬한 옷감으로 만들었습니다. 그리고 바람이 잘 통하도록 등나무로 만든 기구를 먼저 걸치고 저고리를 입기도 하였습니다. 겨울에는 추위를 견딜 수 있도록 옷감 사이에 솜을 넣은 한복을 입었습니다. 차가운 공기가 스며들지 않도록 목둘레나 소매 끝을 좁게 만들기도 하였습니다.

(라) 여름철에 수박이나 음료수를 많이 먹는 까닭은 무엇일까요? 여름철 더운 날씨 때문에 우리 몸속에 있는 수분은 땀이 되어 몸 밖으로 나갑니다. 그래서 수박처럼 물이 많은 음식을 먹어서 수분을 보충합니다. 북쪽 지방보다 남쪽 지방의 음식이 조금 더 짠 것은 남쪽 지방이 북쪽 지방보다 더 따뜻하기 때문입니다. 다시 말해, ㉮남쪽 지방이 북쪽 지방보다 소금을 조금 더 많이 넣는 것은 따뜻한 기후에서 오랫동안 음식을 신선하게 보관하기 위해서입니다. 이처럼 우리가 먹는 음식도 기후와 관련이 있습니다.

(마) 우리가 사는 집도 기후에 따라 다릅니다. 눈이 많이 오는 지역으로 잘 알려진 울릉도에서는 투막집이라는 독특한 집을 짓습니다. 투막집은 집 둘레를 옥수숫대 등으로 촘촘히 둘러싸서 눈이 들어오지 못하도록 지은 집입니다. 그래서 큰 눈이 와도 그 안에서는 불편이 없이 생활할 수 있습니다.

(바) ㉠이처럼 우리의 생활은 기후와 관련이 깊습니다. 이제는 과학이 발달해서 기후의 영향을 덜 받게 되었지만, 여전히 우리 생활 속에는 기후에 슬기롭게 적응하면서 살아가는 모습이 있습니다.

주제찾기

1. 글의 중심 내용을 가장 잘 드러낸 문장은 어느 것입니까?

① 우리의 생활은 기후와 관련이 깊다.
② 생활하는 모습에 따라 기후를 선택한다.
③ 기후가 먹고, 입고, 잠자는 시간을 결정한다.
④ 계절에 따라 마시는 음료수의 양이 달라진다.
⑤ 북쪽 지방 사람들이 남쪽 지방 사람들보다 잘산다.

제목찾기

2. 빈칸을 채워 글의 제목을 완성하세요.

기후와 □□

사실이해

3. 글의 짜임새를 아래와 같이 정리했을 때, (가)~(바) 중, 몸통에 속하는 것을 모두 모아 놓은 것은 어느 것입니까?

머리: 무엇을 설명할 것인지 소개합니다.
몸통: 여러 가지 방법으로 자세히 설명합니다.
맺음: 설명한 내용을 요약합니다.

① (가), (나)
② (나), (다)
③ (나), (다), (라)
④ (나), (다), (라), (마)
⑤ (다), (라), (마)

미루어알기

4. (나)~(다)에서 중심 문장의 내용을 뒷받침하는 방법은 무엇입니까?

① 예를 들기
② 까닭을 말하기
③ 자세히 말하기
④ 차이점으로 견주기
⑤ 같은 성질을 지닌 것끼리 묶기

세부내용

5. ㉠의 구실을 알맞게 설명한 것은 무엇입니까?

① 둘을 비교하도록 한다.
② 뒷받침문장을 놓도록 한다.
③ 앞의 내용을 요약하도록 한다.
④ 앞과 같은 내용을 반복하도록 한다.
⑤ 앞과 비슷한 말을 하겠다는 약속이다.

적용하기

6. ㉮에서 말한 원리를 이해하여 빈칸을 채우세요.

| ①☐☐ 지방에 비하여 ②☐☐ 지방의 음식이 조금 더 짠 것 |

점수

1~6번 문제의 점수를 더하여 총점을 쓰고 162쪽의 표에 막대그래프로 표시하세요.

독해력 키움 | 15. 설명하는 글 읽기(15)

| 평가요소 | 1. ☐ 15점 | 2. ☐ 15점 | 3. ☐ 10점 | 4. ☐ 15점 | 5. ☐ 15점 | 6. ☐ 15점 | 7. ☐ 15점 |

166쪽 표의 해당하는 번호에 체크하세요.

　우리나라 음식 중에 독특한 성질을 가진 묵이 있어요. 묵은 무르지만 죽은 아니에요. 알갱이가 있는 것도 아니니 밥이나 국수 종류에도 낄 수가 없지요. 생긴 모양만 보자면 두부에 가까워요. 그러나 단백질이 풍부한 두부와 비교하기에는 왠지 모르게 부족함이 있지요.

　묵은 맛도 두루뭉술하여서 어떻다고 딱 잘라 말하기가 힘들어요. 그렇다고 있으나 마나 한 존재는 아니에요. 잔칫상 귀퉁이에 조금은 싱거운 듯 아주 점잔을 빼고 앉았지요. 이름난 묵으로는 메밀로 만드는 메밀묵, 도토리로 만드는 도토리묵, 녹두로 만드는 청포묵이 있어요.

　묵을 쑤려면 메밀이나 도토리의 껍질을 깐 뒤에 빻아서 가루로 만들어요. 그런 다음 가마솥에 가루를 풀고 풀 쑤듯이 술술 쑤어 나가지요. 그러다 보면 풀기가 생겨서 엉기는데, 그대로 천천히 식히면 묵이 되지요. 도토리는 쓴맛을 없애기 위하여 찬물에 우려내[1]야 해요. 묵은 많이 먹어도 별로 배부르지 않고 살도 찌지 않는 순수 자연식품이에요.

　㉠농사를 짓고 살아온 우리 민족에게 떡은 매우 소중한 음식이에요. 떡은 곡식을 재료로 하여 만드는데, 각 지역의 문화와 기후, 땅의 성질에 따라 아주 다양하게 발달하였어요. 땅이 메말라 농사를 짓기가 힘든 강원도에는 감자와 옥수수가 들어간 떡이 많고, 쌀이 귀한 제주도에서는 제사 때만 떡을 빚을 수 있었어요.

　떡은 만드는 방법에 따라 크게 네 가지로 나눌 수 있어요. 첫째는 찌는 떡이 있어요. 백설기와 켜떡처럼 시루에 쌀가루를 넣고 찌는 떡을 말하는데 보통 시루떡이라고 부르지요. 둘째는 치는 떡이 있어요. 흰떡, 인절미처럼 쪄낸 반죽을 절구나 떡메로 쳐서 만드는 떡을 말해요. 셋째는 삶는 떡이 있어요. 찹쌀가루를 반죽해서 동그랗게 빚어 삶은 뒤에 고물을 묻히면 경단이나 단자 같은 떡이 되지요. 넷째는 지지는 떡이 있어요. 화전이나 부꾸미처럼 기름에 지져서 만드는 떡을 말하지요.

Note
[1] 우려내다: 물체를 액체에 담가 성분, 맛, 빛깔 따위가 배어들게 하다.
[2] 무병장수: 병 없이 건강하게 오래 삶.

우리나라 떡 이야기를 할 때 빠져서는 안 되는 것이 ⓒ떡살이에요. 떡살은 떡을 눌러 갖가지 무늬를 찍어 내는 판을 말하지요. 떡살에는 여러 가지 무늬가 새겨져 있는데, 나비무늬, 꽃무늬, 새 무늬, 물고기 무늬, 글자 무늬 등이 있어요. 무늬마다 독특한 뜻이 담겨 있는데, 연꽃은 존귀이고, 물고기는 부귀이며, 별은 무병장수❷를 뜻해요.

주제찾기　**1.** 글의 주제로 알맞은 것은 무엇입니까?

① 우리나라의 음식 문화
② 우리나라 음식의 특징
③ 우리나라 각 지역의 음식
④ 우리나라 음식에 나타난 솜씨
⑤ 우리나라 음식과 다른 나라 음식

글감찾기　**2.** 글의 대상으로 삼은 글감 두 가지를 찾아서 쓰세요.

사실이해　**3.** 글의 내용으로 나타나지 않은 것은 무엇입니까?

① 음식의 성질
② 음식의 종류
③ 음식을 만드는 방법
④ 음식이 생활에서 차지하는 중요성
⑤ 음식과 관련하여 전해오는 이야기

미루어알기 4. 글의 내용에 따라 '묵'의 성질을 가장 잘 표현한 것은 무엇입니까?

① 두부를 닮았다.
② 죽도 밥도 아니다.
③ 알갱이가 없다.
④ 있으나 마나 하다.
⑤ 점잔을 빼고 앉았다.

세부내용 5. ㉠에서 가장 먼저 떠올릴 수 있는 낱말은 무엇입니까?

① 국수
② 두부
③ 곡식
④ 시루
⑤ 떡메

적용하기 6. ㉡은 무엇을 하는 데 쓰는 물건인지 아래 문장의 빈칸을 채워 확인하세요.

| 떡에 여러 가지 □□를 찍어내는 판이다. |

요약하기 7. 글의 주요 내용을 아래의 표로 정리하여 빈칸을 채우세요.

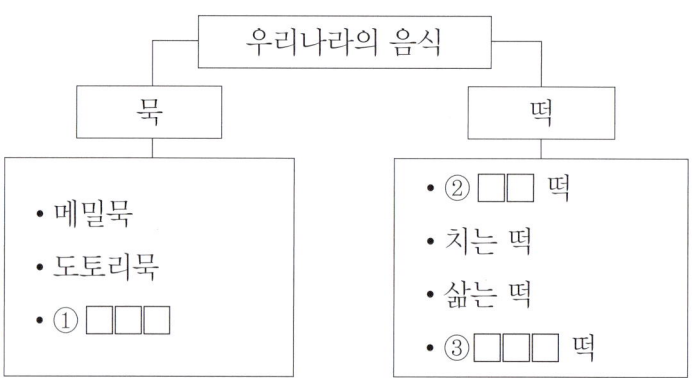

1~7번 문제의 점수를 더하여 총점을 쓰고 162쪽의 표에 막대그래프로 표시하세요.

점수

독해력 키움 | 16. 설명하는 글 읽기(16)

| 평가요소 | 1. ☐ 15점 | 2. ☐ 15점 | 3. ☐ 10점 | 4. ☐ 15점 | 5. ☐ 15점 | 6. ☐ 15점 | 7. ☐ 15점 |

166쪽 표의 해당하는 번호에 체크하세요.

(가) 주말이 되어 부모님과 함께 할머니 댁으로 놀러 갔다. 인사를 드리고 방에 들어가니 할머니께서 메주를 방에 매달아 놓으셨다. 방에서 이상한 냄새가 났다.

"할머니, 냄새가 너무 심해요!"

"그래, 그래도 된장찌개는 잘 먹지?"

할머니는 메주가 익으면 된장을 담그신다. 나는 할머니께서 끓여 주시는 된장찌개를 좋아한다. 된장찌개만 있으면 밥을 두세 그릇도 뚝딱 해치운다. 그럴 때면 메주에서 냄새가 난다고 투덜거린 것이 죄송스럽다. 이렇게 맛있는 된장은 어떻게 만드는 것일까?

나는 메주로 된장을 만드는 과정을 책에서 자세히 알아보았다.

(나) 먼저 메주콩을 열두 시간 동안 물에 불린 뒤에 푹 삶습니다. 삶은 콩은 절구에 찧어 반죽처럼 만듭니다. 찧은 콩 반죽을 네모난 모양으로 ㉮☐☐ 메주를 만듭니다.

잘 만든 메주를 따뜻한 방에서 꾸덕꾸덕할 때까지 말립니다. 메주를 따뜻한 곳에 두면 우리 몸에 이로운 성분이 생깁니다. 2~3일간 메주를 잘 말려 볏짚으로 묶어 띄울 준비를 합니다.

메주를 볏짚으로 묶어 바람이 잘 통하는 곳에 매달아 놓습니다. 볏짚과 공기 중에는 메주를 발효시키는 여러 가지 미생물이 살고 있습니다.

메주를 서너 달 동안 매달아 놓으면 된장의 고유한 맛과 향기를 내는 미생물이 많이 퍼집니다. 이 성분을 사람이 먹으면 몸이 튼튼하고 건강하게 됩니다.

이렇게 잘 ㉯☐☐ 메주를 깨끗이 씻어서 적당히 햇볕에 말립니다. 그런 뒤, 항아리에 메주와 소금물을 넣습니다. ㉠이때 붉은 고추와 숯을 함께 넣어 줍니다. 붉은 고추와 숯은 잡균과 냄새를 없애주는 역할을 합니다. 20~30일이 지나면 항아리에서 메주를 건져 냅니다. 건져 낸 메주를 삭혀 된장을 만듭니다.

(다) 된장이 만들어지는 과정을 조사하며 내가 맛있게 먹는 된장이 만들어지기까지 참 많은 시간과 노력이 필요하다는 것을 깨달았다. 할머니께서 정성으로 담그신 된장을 앞으로는 고마운 마음으로 더 맛있게 먹어야겠다.

주제찾기 1. 글을 쓰게 된 동기가 된 것은 무엇입니까?

① 부모님의 외출
② 이상한 냄새
③ 할머니 댁 방문
④ 책을 읽은 감동
⑤ 시골 방의 냄새

제목찾기 2. 빈칸을 채워 글의 제목을 붙여 주세요.

□□ 만드는 방법

사실이해 3. 글의 내용과 어긋나는 것은 무엇입니까?

① 콩을 삶아서 메주를 만든다.
② 메주를 말려서 볏짚으로 묶는다.
③ 메주를 말릴 때는 눅눅한 곳에 둔다.
④ 메주가 발효할 때까지 밖에 매달아 둔다.
⑤ 메주를 서너 달 동안 매달아 두면 미생물이 생긴다.

미루어알기 4. ㉠과 같이 하는 이유는 무엇입니까?

① 색깔을 곱게 하려고
② 나쁜 귀신을 쫓으려고
③ 맛과 향기를 더하려고
④ 잡균과 냄새를 없애려고
⑤ 담근 이의 정성을 표하려고

세부내용

5. ㉮와 ㉯에 들어갈 낱말을 순서대로 늘어놓은 것은 무엇입니까?

① 빚어, 띄운
② 빚어, 담근
③ 띄워, 담근
④ 띄워, 빚어
⑤ 담가, 띄운

적용하기

6. (나)의 내용에 따라 된장이 만들어지는 과정을 정리한 아래의 빈칸에 들어갈 말을 쓰세요.

콩을 삶아 ①□□을(를) 만듭니다.

↓

말린 메주를 ②□□가 될 때까지 볏짚으로 매달아 둔다.

↓

항아리에 메주와 ③□□□을 넣고 한 달쯤 지난 후 메주만 건져 삭힌다.

요약하기

7. 글에서 (가)와 (다)의 내용을 아래와 같이 요약해 보았습니다. 빈칸에 알맞은 말을 쓰세요.

(가) 글감이 ①□□ □□□임을 소개함.

(다) 소개한 내용에 대한 ②□□과 다짐을 말함.

점수

1~7번 문제의 점수를 더하여 총점을 쓰고 162쪽의 표에 막대그래프로 표시하세요.

독해력 키움 | 17. 설명하는 글 읽기(17)

| 평가요소 | 1. ☐ 20점 | 2. ☐ 15점 | 3. ☐ 15점 | 4. ☐ 15점 | 5. ☐ 15점 | 6. ☐ 20점 |

166쪽 표의 해당하는 번호에 체크하세요.

(가) 바다에도 밭이 있어요.
바로 갯벌이에요.
물이 빠지면 펄밭이 훤히 드러나요.

(나) 나는 갯마을에서 살아요.
날마다 갯벌에 나가서 놀지요.
날이 선선해지면 어른들은 ㉠갯일[1] 하러 나가요.
굴도 따고 게도 잡고 바지락도 캐고 파래도 뜯지요.

(다) 바지락바탕이에요.
바지락이 많이 난다고 바지락바탕이라고 해요.
요즘은 갯바닥이 온통 바지락 구멍투성이에요.
이걸 보고 바지락이 눈 떴다고 하지요.

(라) 앞장불이에요.
앞마당이라는 뜻이에요.
앞장불에 들어가면 발이 푹푹 빠져요.
우리는 맨발로 질퍽거리며 놀지요.
발가락 사이로 뻘이 뿌지직뿌지직 삐져나와요.

(마) 뒷장불이에요.
뒷장불에는 갈대밭이 있어요.
갈대밭에 가면 방게가 바글바글해요. 갯지렁이도 많아요.
빛깔이 푸른 것도 있고 붉은 것도 있어요.
갯지렁이는 되게 길어요.

 Note [1] 갯일: 갯벌에서 바지락, 조개, 낙지 따위의 해산물을 채취하는 일.   [2] 갯가: 바닷물이 드나드는 곳의 물가.

54 비문학

(바) ⓒ마루장불이에요. 모래 똥 무더기는 달랑게와 엽낭게가 뱉어 놓은 거예요.
　　달랑게는 되게 빨라요. 달랑달랑 잘도 달아나지요.
　　모래 속을 기어 다니는 것은 큰구슬우렁이예요.
　　하느님배꼽이라고도 해요.

(사) 물이 들어와요.
　　이제 갯벌에서 얼른 나가야 해요.
　　바닷물은 빠질 때보다 들어올 때가 훨씬 빠르니까요.
　　새들도 물 따라 나갔다가 갯가❷로 돌아왔어요.
　　우리도 갯가로 나왔어요.
　　내일은 어디에서 놀까요?

주제찾기　1. 이 글의 중심 내용을 가장 잘 표현한 것을 고르세요.

　① 갯벌의 일하는 방식　　　② 갯벌의 놀이 방식
　③ 갯벌의 여러 생물들　　　④ 갯벌의 정겨운 모습들
　⑤ 갯벌의 물이 빠짐과 들어옴의 차이

글감찾기　2. 글의 중심 낱말이 무엇인지 찾아 쓰세요.

사실이해　3. ㉠에 해당하는 동작이 아닌 것은 무엇입니까?

　① 따다　　② 잡다　　③ 캐다
　④ 뜨다　　⑤ 뽑다

미루어알기

4. 아래에 소개한 글을 읽고 위의 글을 읽었을 때, 새롭게 알게 될 사실은 무엇입니까?

> '개펄'은 '갯가의 개흙 깔린 벌판'을, '갯벌'은 '바닷물이 드나드는 모래사장, 또는 그 주변의 넓은 땅'을 이르는 말입니다. 즉 '개펄'은 '개흙, 즉 거무스름하고 미끈미끈한 고운 흙이 깔린 부분'만을 이르는 말이고, '갯벌'은 '그 개흙이 깔린 부분 외에 모래가 깔린 부분까지 좀 더 넓은 부분'을 이르는 말입니다.

① '내'가 살고 있는 곳은 갯마을이다.
② '어른들'이 갯일을 한 곳은 갯가이다.
③ '우리'가 질퍽거리며 놀았던 곳은 개펄이다.
④ '우리'가 갯지렁이와 방게를 잡은 곳은 갯벌이다.
⑤ '우리'가 물이 들어올 때 빠져나와야 할 곳은 갯벌이다.

세부내용

5. 이 글이 아래와 같은 짜임새라면 다음 중 어떤 갈래와 닮았나요?

> 배경 소개 → 인물의 등장 → 장소와 활동 → 활동 종결

① 시 ② 이야기 ③ 설명하는 글
④ 증명하는 글 ⑤ 주장하는 글

적용하기

6. 글의 주된 내용인 '겪은 일'이 혼자가 아니라 여러 사람의 것임을 알려주는 낱말을 찾아 쓰세요.

18. 설명하는 글 읽기(18)

| 평가요소 | 1. ☐ 15점 | 2. ☐ 15점 | 3. ☐ 15점 | 4. ☐ 15점 | 5. ☐ 10점 | 6. ☐ 15점 | 7. ☐ 15점 |

166쪽 표의 해당하는 번호에 체크하세요.

　우리 생활 주변에는 나무로 만든 물건이 많이 있습니다. 가구나 살림 도구, 장난감 같은 것입니다. 종이도 나무로 만듭니다. 나무로 악기도 만들 수 있습니다.

　나무로 집도 만듭니다. 지금은 철근과 콘크리트로 집을 짓지만, 예전에는 나무 없이는 집을 지을 수 없었습니다. 커다란 통나무로는 기둥, 대들보, 서까래를 만들고, 나무를 다듬어서 문, 창, 마룻바닥을 만들었습니다. 나무는 무르고 부드러워서 다루기가 쉽습니다. 그래서 갖가지 모양으로 깎을 수 있고 멋진 무늬를 새길 수도 있습니다. 나무로 무엇인가 만드는 사람을 목수라고 하는데, 목수는 톱으로 나무를 자르고, 대패로 밀고, 송곳과 끌로 구멍을 내어 물건을 만듭니다.

　집을 짓거나 가구를 만드는 나무는 줄기가 굵고 키가 큽니다. 어른 키보다 몇 배나 크게 자라는 나무가 많지만, 모든 나무가 다 키가 크지는 않습니다. 진달래나 개나리처럼 작은 나무도 있습니다. 그리고 한라산에서만 자라는 돌매화나무는 어지간한 풀보다 작지만, 그래도 나무입니다.

　가시가 있는 찔레나무나 탱자나무는 옛날부터 돌담을 대신하는 울타리로 썼습니다. 지금도 나무를 심어 울타리로 삼는 것을 자주 볼 수 있습니다. 공해에 강하고 잎에 잔털이 있어 먼지를 잡아 주는 은행나무나 플라타너스는 길가에 가로수로 심습니다.

　어떤 나무는 껍질이나 잎을 사용합니다. 육계나무, 헛개나무, 가시오갈피나무는 껍질을 말려서 쓰고, 차나무, 감나무, 뽕나무는 잎을 말려서 차로 끓여 마십니다. 나무로 약도 만들어 먹는데, 버드나무 껍질로는 열을 내리고 통증을 달래주는 약을 만들고, 은행나무 잎으로는 피를 잘 돌게 하는 약을 만듭니다.

　나무는 열매를 맺는데, 특히 사람이 좋아하는 맛있는 열매를 과일이라고 합니다. 과일은 그냥 먹기도 하지만, 잼을 만들어 먹기도 하고 즙을 내서 마시기도 합니다.

　재미있는 이름을 가진 나무도 많습니다. 잎이 뾰족하여 호랑이가 등을 긁는다고 해서 (㉠), 좁쌀을 튀겨 놓은 것 같은 하양 꽃이 핀다고 해서 (㉡), 장작으로 태울 때 자작자작 소리를 낸다고 해서 (㉢), 열매 모양이 꼭 쥐똥처럼 까맣고 동그래서 (㉣), 이정표 삼아 오 리마다 한 그루씩 심는 (㉤) 등은 재미있는 이름을 가진 나무입니다.

우리나라 사람들에게 특히 사랑을 받는 나무도 있습니다. 사시사철 잎이 푸른 소나무, 줄기가 곧게 자라는 대나무, 눈이 날리는 늦겨울에 꽃이 피어 봄을 부르는 매화나무는 향기 짙은 난초와 함께 우리 조상의 시와 그림에서 자주 볼 수 있습니다.

나무는 다른 나무와 풀, 온갖 동물과 어우러져 숲을 이룹니다. 숲에는 수많은 동물과 식물이 나무의 도움을 받으며 함께 살아가고 있습니다.

주제찾기 **1.** 글에서 주로 다룬 내용은 무엇입니까?

① 나무의 특성과 쓰임새
② 나무가 잘 자라는 땅
③ 나무에 재미있는 이름이 붙은 까닭
④ 우리나라 사람들에게 숭배를 받는 나무
⑤ 우리나라 숲에서 가장 많이 자라고 있는 나무

글감찾기 **2.** 글의 중심 재료를 한 낱말로 쓰세요.

사실이해 **3.** 글에 나타나지 <u>않은</u> 내용은 무엇입니까?

① 나무 없이는 집을 지을 수 없었다.
② 나무로 문, 창, 마룻바닥을 만들었다.
③ 나무로 갖가지 모양을 깎기가 매우 어렵다.
④ 집을 짓거나 가구를 만드는 나무는 줄기가 굵다.
⑤ 돌매화나무는 풀보다 작지만 그래도 나무이다.

관련 교과 국어

미루어알기

4. 글을 흥미를 갖고, 내용을 더 쉽게 이해하기 위해 읽는 방법이라 볼 수 <u>없는</u> 것은 무엇입니까?

① 아는 내용을 떠올려가며 읽는다.
② 겪은 일인지 떠올려가며 읽는다.
③ 새로 알게 된 내용을 정리해가며 읽는다.
④ 어려워 이해할 수 없는 내용은 지나치며 읽는다.
⑤ 알고 싶었거나 궁금했던 내용을 찾아보며 읽는다.

세부내용

5. ㉠~㉤에 들어갈 이름으로 <u>잘못된</u> 것은 어느 것입니까?

① ㉠ – 호랑가시나무
② ㉡ – 조팝나무
③ ㉢ – 자작나무
④ ㉣ – 쥐똥나무
⑤ ㉤ – 이정표나무

적용하기

6. 글을 읽고 아는 내용이나 겪은 일을 어떻게 활용할 수 있는지 선으로 이어봅시다.

겪은 일이나 알고 있는 내용과 비교하며 읽는다.	나무로 만든 집에서 잔 적이 있는데 여름인데도 정말 시원했어.
새로 알게 된 내용을 생각하며 읽는다.	가장 작은 나무는 얼마나 작을까? 풀보다 작은 나무도 있다는데, 그것보다 더 작은 나무는 없을까?
알고 싶거나 궁금하였던 내용을 중심으로 읽는다.	꽃이나 열매 등의 모양을 보고 이름을 지은 나무도 있다는 것을 알게 되었어.

요약하기

7. 나무의 쓰임새를 아래의 표로 정리했습니다. 빈칸을 채워 완성하세요.

나무 이름	쓰임새
찔레나무, 탱자나무	① □□□
은행나무, 플라타너스	② □□□
차나무, 감나무, ③ □□□	차
④ □□□□ 껍질	약

점수

1~7번 문제의 점수를 더하여 총점을 쓰고 162쪽의 표에 막대그래프로 표시하세요.

19. 설명하는 글 읽기(19)

| 평가요소 | 1. ☐ 20점 | 2. ☐ 15점 | 3. ☐ 15점 | 4. ☐ 15점 | 5. ☐ 15점 | 7. ☐ 20점 |

166쪽 표의 해당하는 번호에 체크하세요.

우리 조상은 ㉠꽃을 눈으로도 즐기고 입으로도 즐겼습니다. 삼짇날[1]이 되면 진달래 꽃잎을 넣고 찹쌀가루를 둥글납작하게 부쳐서 만든 진달래 화전을 먹었습니다. 오늘날의 프라이팬이라고 할 수 있는 번철을 돌 위에 올리고 그 아래에 불을 피워 화전[2]을 부쳤습니다. 번철 대신 솥뚜껑을 쓰기도 하였습니다.

삼짇날에는 진달래 화채도 만들어 먹었습니다. 진달래 꽃잎을 녹말가루에 묻혀 살짝 튀긴 뒤, 설탕이나 꿀을 넣어 달게 담근 오미자즙에 띄워 먹었습니다.

진달래와 비슷한 철쭉꽃은 먹을 수 없는 꽃이라서 '개꽃'이라고 하였습니다. 진달래는 먹을 수 있는 꽃이라 '참꽃'이라 불렀습니다. 진달래뿐만 아니라 벚꽃, 배꽃, 매화로도 화전을 만들어 먹었습니다.

꽃으로 만든 음식은 보는 것만으로도 기분이 좋습니다. 그뿐만 아니라 꽃잎에 묻어 있는 꽃가루에는 여러 가지 몸에 좋은 물질이 들어 있습니다.

그렇지만 모든 꽃을 다 먹을 수 있는 것은 아닙니다. 진달래, 국화, 장미, 금잔화, 삼색제비꽃, 제비꽃처럼 먹을 수 있는 꽃을 골라 먹어야 합니다. 그리고 먹을 수 있는 꽃이라고 하더라도 꽃가루 등에 의한 알레르기를 일으킬 수 있으므로, 암술, 수술, 꽃받침을 제거하고 먹어야 합니다. 특히, 진달래는 수술에 약한 독성이 있으므로 반드시 꽃술을 제거하고 꽃잎만 깨끗한 물에 씻은 뒤에 먹어야 합니다.

꽃집에서 파는 꽃이나 정원의 꽃은 함부로 먹으면 안 됩니다. 농약을 친 꽃들은 독성이 있기 때문입니다. 이런 꽃을 먹었다가는 배탈이 나고 속이 나빠져 큰 고생을 할 수 있습니다. 반드시 식용을 목적으로 따로 안전하게 재배되는 꽃만 먹어야 합니다.

우리 조상은 자연에서 나오는 순수한 색소로 찹쌀가루에 물을 들여 화전을 만들기도 하였습니다. 쑥, 시금치, 신감채, 녹차 잎 등으로는 초록색 물을 들였고, 단호박, 치자 등으로는 노란색 물을 들였습니다. 오미자, 복분자로는 빨간색 물을, 보라색 고구마로는 보라색 물을, 당근으로는 주황색 물을 들였습니다. 검은깨나 검은 콩으로는 검은색 물을 들였습니다.

Note
[1] 삼짇날: 음력 삼월 초사흗날.
[2] 화전: 찹쌀가루를 반죽하여 진달래나 개나리, 국화 따위의 꽃잎이나 대추를 붙여서 기름에 지진 떡.

자연에서 얻은 천연 색소는 음식을 돋보이게 할 뿐만 아니라 재료의 영양이 그대로 살아 있어 건강에도 무척 좋습니다. 이렇듯 화전에는 자연이 준 선물을 음식에 이용한 조상의 지혜가 담겨 있습니다.

주제찾기

1. 글의 중심 내용을 아래와 같이 정리하여 빈칸을 순서대로 채우세요.

□으로 만들어 먹을 수 있는 □□

글감찾기

2. 꽃들 중, 먹을 수 없는 것은 어느 것입니까?

① 진달래
② 철쭉꽃
③ 금잔화
④ 제비꽃
⑤ 삼색제비꽃

사실이해

3. 글을 읽고 새롭게 알게 된 내용이 아닌 것은 무엇인가요?

① 우리 조상은 삼짇날 진달래 화전을 부쳐 먹었다.
② 진달래 꽃잎을 오미자즙에 띄워 화채를 만들 수 있다.
③ 먹을 수 있는 꽃과 먹을 수 없는 꽃을 잘 구별해야 한다.
④ 먹을 수 있는 꽃이라면 되도록 꽃의 전부를 요리해야 한다.
⑤ 꽃집에서 파는 꽃이나 정원의 꽃은 함부로 먹으면 안 된다.

미루어알기

4. 글을 읽고 새롭게 알고 싶은 내용으로 알맞은 것은 무엇입니까?

① 우리 조상들은 왜 번철을 돌 위에 올리고 화전을 부쳤을까?
② 철쭉꽃은 진달래 꽃과는 달리 왜 '개꽃'이라 불렸을까?
③ 우리가 먹을 수 있는 꽃으로 어떤 꽃이 더 있을까?
④ 정원의 꽃은 왜 함부로 먹으면 안될까?
⑤ 빨간색을 들이는 꽃은 무엇일까?

세부내용

5. ㉠의 의미를 알맞게 풀어놓은 것은 어는 것입니까?

① 꽃을 눈으로 보아서 즐기고, 음식을 만들어 먹으며 즐기기도 했다.
② 꽃을 여럿이 함께 감상하기도 하고, 이야기를 나누며 즐기기도 했다.
③ 꽃을 이야깃거리로 하여 즐기기도 하고, 함께 보며 즐기기도 하였다.
④ 꽃을 주고받으며 즐거움을 나누기도 하고, 음식을 먹으며 즐기기도 했다.
⑤ 꽃을 멀리 띄워 보내며 즐기기도 하고, 서로 음식을 주고받으며 즐기기도 했다.

요약하기

7. 글의 주요 내용을 아래의 표로 정리하려 합니다. 빈칸을 채워 표를 완성하세요.

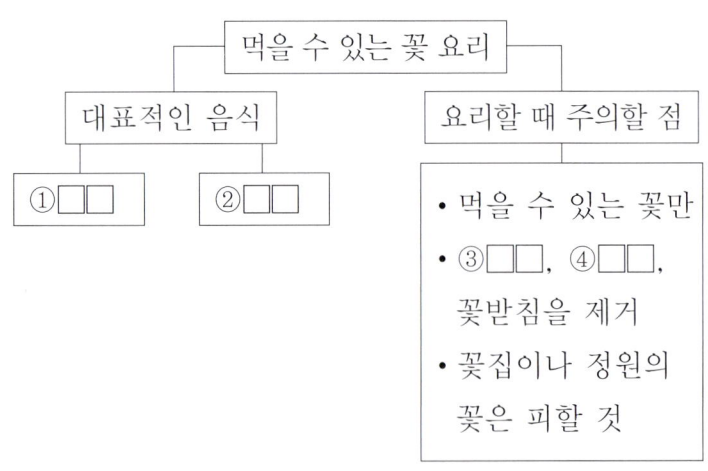

모든 문제의 점수를 더하여 총점을 쓰고 162쪽의 표에 막대그래프로 표시하세요.

점수

독해력 키움 | 20. 설명하는 글 읽기(20)

| 평가요소 | 1. ☐ 15점 | 2. ☐ 15점 | 3. ☐ 15점 | 4. ☐ 10점 | 5. ☐ 15점 | 6. ☐ 15점 | 7. ☐ 15점 |

166쪽 표의 해당하는 번호에 체크하세요.

(가) 장치기는 작대기로 공을 쳐서 같은 편끼리 주고받으며 골문에 넣는 놀이입니다. 장치기는 평평한 풀밭이나 자그마한 빈터만 있으면 어디서나 작대기를 거꾸로 들고 나무옹이[1] 같은 것을 치면서 재미있게 할 수 있는 놀이입니다. 장치기란 말 자체가 나무막대기인 장을 가지고 나무옹이 공을 치며 논다는 뜻에서 그렇게 불렀던 말입니다.

(나) 장치기는 흔히 설날이나 추석 같은 명절 때 즐겼습니다. 이런 명절에는 놀이 장소도 따로 마련하고 놀이 기구들도 잘 준비하여 큰 규모로 놀이를 벌이곤 했어요. 그렇지만 농촌에서 목동이나 나무꾼 아이들이 명절이 아닌 때 놀 때에는 특별한 준비 없이 하였어요.

(다) 장치기에는 '딴장'이라고 부르는 것이 있었어요. 이 놀이는 양편 주장이 중앙선에 나와 선 다음 심판이 공을 공중으로 던지면 그 공이 땅에 떨어지기 전에 공채[2]로 받아서 자기편으로 넘기는 방법으로 시작하였어요. 이런 식으로 공을 자기편에 넘기면 몰고 가서 상대편의 골문으로 처넣으면 이기는 것이었어요.

'돌장'이라는 것도 있었어요. 이 놀이는 주장들이 중앙선에 나타나서 공채를 옆구리에 곧게 세워 끼고 있다가 심판의 신호가 나면 몸을 한 바퀴 빙그르 돌리면서 구덩이에서 공을 꺼내어 자기편으로 쳐 넘기는 방법으로 시작하였습니다. 이렇게 공을 받은 다음에 상대편의 골문에 처넣으면 이기는 것이었지요. '돌장'이란 몸을 한 바퀴 돌린 다음 놀이를 시작한다는 뜻에서 생긴 이름이에요.

(라) 장치기는 달리기도 잘 해야 하고 공놀이도 잘 해야 하는 만큼 몸을 튼튼하게 하고 움직임을 빠르게 하는 데 유익한 놀이였어요. 놀이 도구도 간단하였고 놀이장도 빈터면 충분했기 때문에 누구나 즐길 수 있었답니다.

Note
[1] 나무옹이: 나무의 몸에 박힌 가지의 밑 부분.
[2] 공채: 장치기하는 데 쓰는, 끝이 조금 구붓한 막대기.

주제찾기 1. 글의 중심 내용이 무엇인지 아래의 빈칸을 채워서 답하세요.

장치기의 ① □□과 ② □□

글감찾기 2. 글감이 무엇인지, 글에 나온 말로 빈칸을 채워 답하세요.

□□□ □□

사실이해 3. 글에서 설명한 놀이를 할 때, 필요하지 <u>않은</u> 것은 무엇입니까?

① 작대기
② 놀이장
③ 나무옹이
④ 고무공
⑤ 골문

미루어알기 4. 이 글을 읽고 떠올린 생각으로 알맞은 것은 어느 것입니까?

① 장치기는 한 사람이 할 수 있다.
② 장치기는 오늘날도 흔히 하는 놀이다.
③ 장치기는 명절에 즐기는 놀이 중 하나였다.
④ 장치기는 어른이 즐기던 놀이였다.
⑤ 장치기는 천천히 하는 운동이다.

세부내용 5. 다음 중, 두 개의 낱말로 나누어질 수 없는 것은 어느 것인가요?

① 장치기
② 막대기
③ 나무옹이
④ 자기편
⑤ 상대편

적용하기 6. 이 글의 이해를 돕기 위해 곁들이기에 좋은 방법은 어느 것일까요?

① 장치기의 낱말 뜻 풀이하기
② 장치기와 비슷한 놀이 소개하기
③ 장치기를 하는 고장으로 찾아가기
④ 장치기 놀이의 방법을 자세히 설명하기
⑤ 장치기 놀이를 하는 사진이나 그림 보여주기

요약하기 7. 글 전체의 내용을 아래의 표로 정리하여 빈칸에 알맞은 말을 채우세요.

(가) □□하려는 놀이의 뜻 알려주기(머리말)
↓
(나) 놀이를 하는 □를 설명하기(본문1)
↓
(다) 놀이를 하는 □□을 자세히 소개하기(본문2)
↓
(라) 놀이를 하면 □□ 점(맺음말)

점수

1~7번 문제의 점수를 더하여 총점을 쓰고 162쪽의 표에 막대그래프로 표시하세요.

독해력 키움 | 21. 설명하는 글 읽기(21)

둥근 빵, 기다란 빵, 하얀 빵, 검은 빵.
아주 많은 사람이 빵을 먹어.
봉긋한 빵, 납작한 빵, 구운 빵, 찐빵.
주식으로도 먹고 간식으로도 먹지.
이렇게 우리가 즐겨 먹는 빵은 언제부터 만들어졌을까?
빵은 사천 년 전쯤에 처음으로 만들어졌대.
어느 날, 이집트의 한 아주머니가 밀가루 반죽을 따뜻한 곳에 두고 깜빡 잊었지 뭐야.
그런데 시간이 지나 그 반죽을 구웠더니 깜짝 놀랄 만한 일이 벌어졌어.
지금까지 본 적이 없는 빵빵하게 부푼 빵이 만들어진 거야.
마법인지 아닌지 궁금하지? / 그럼 한 번 만들어보지 뭐.
빵은 밀가루, 소금, 효모, 물로 만들어.
거기에다 설탕, 달걀, 우유, 버터, 과일, 크림…….
넣고 싶은 것 더 넣고 다양한 빵을 만들기도 하지.
밀가루를 곱게 체에 쳐서 다른 재료와 섞은 뒤 물을 조금씩 부으며 반죽을 해.
반죽은 하면 할수록 말랑말랑, 쫀득쫀득. / 손에도 안 묻고 반들반들 윤이 나지.
반죽을 쭉 잡아당겨 봐. / 얇게 늘어나면 글루텐[1]이 만들어진 거야.
글루텐은 밀가루 반죽이 풍선껌처럼 쫀득쫀득 늘어나게 해.
나중에 빵이 부풀게도 해 주지. / 반죽은 따뜻하고 습기가 많은 곳에 두어야 해.
그래야 반죽에 있는 효모가 움직이기 시작하거든.
효모는 살아 있는 미생물[2]이야 차가우면 활동을 못 하고, 너무 뜨거우면 죽어 버리지.
효모는 반죽에 있는 영양분을 먹고 숨을 쉬어.
그때 나오는 가스가 반죽 안에 가득 차면서 반죽이 조금씩 부풀어 올라.
빵의 독특한 향기와 맛도 생기지.

Note
[1] 글루텐: 식물의 종자 속에 들어 있는 식물성 단백질의 혼합물. 당과 지질을 함유하고 있다.
[2] 미생물: 눈으로는 볼 수 없는 아주 작은 생물. 보통 세균, 효모, 원생동물 따위를 이르는데, 바이러스를 포함하는 경우도 있다.

효모 같은 미생물은 활동하면서 여러 가지 물질을 만들어.
빵 반죽처럼 우리 몸에 좋은 것 만드는 것을 '발효'라고 해.
해로운 것을 만드는 것을 '썩는다'고 하지.
김치, 된장, 요구르트, 치즈, 식초, 술……. / 모두 다 발효 음식이야.
효모는 공기 중에도 있고, 사과, 포도 같은 과일에도 달라붙어 있어.
반죽이 다 발효되었다면 조몰락조몰락 갖가지 모양을 만들어 봐.
익히지 않은 반죽은 맛과 향기가 별로야.
하지만 뜨거운 열을 받으면 모든 게 변하지.
자, 이제 뜨거운 열을 받고 빵이 점점 부풀어.
빵빵하게 부풀어도 터지지 않아. / 점점 익어 가며 모양을 잡지.
으음, 먹음직스러운 황금빛 갈색. / 솔솔솔 고소하고 맛있는 냄새.
꿀꺽, 저절로 침이 고이지? / 노릇노릇 부드러운 빵. / 맛도 영양도 좋아.
빵빵한 빵, 맛있는 빵. / 자연이 준 선물이야.
재미있는 빵, 소중한 빵. / 따뜻한 정성이 가득하지.
우리 모두 빵 먹을 땐 하나, 둘, 셋.

주제찾기 **1.** 글의 중심 내용은 무엇입니까?

① 빵의 종류　　　　② 빵이 처음 만들어진 때
③ 빵의 재료　　　　④ 빵의 반죽 만들기
⑤ 빵을 만드는 과정

글감찾기 **2.** 무엇을 글의 재료로 하여 쓴 글인지 찾아 쓰세요.

사실이해 **3.** 빵을 만들 때 꼭 필요한 재료 네 가지를 모두 쓰세요.

미루어알기 4. '효모'에 대한 이해로 바르지 <u>않은</u> 것은 무엇입니까?

① '발효'를 돕는다.
② 살아 있는 미생물이다.
③ 따뜻하고 습한 곳에서 잘 산다.
④ 반죽이 부풀어 오르도록 한다.
⑤ 공기 중이나 과일에는 없다.

세부내용 5. 다음 중, 발효 음식에 속하지 <u>않는</u> 것은 무엇입니까?

① 김치　　　　　　② 된장
③ 우유　　　　　　④ 식초
⑤ 치즈

적용하기 6. 글에서 쉬운 설명을 위해 사용한 방법이 <u>아닌</u> 것은 무엇입니까?

① 예를 늘어놓기
② 대화하는 듯한 말투
③ 같은 종류끼리 묶어놓기
④ 사진, 그림으로 도움 주기
⑤ 만드는 순서에 따라 글을 펼쳐놓기

요약하기 7. 빵을 만드는 과정을 아래와 같이 간추려 정리할 때 빈칸에 알맞은 말을 넣으세요.

재료 준비하기 → ① ☐☐☐☐ → 반죽을 ② ☐☐시키기 → 반죽으로 모양 만들기 → ③ ☐☐

1~7번 문제의 점수를 더하여 총점을 쓰고 162쪽의 표에 막대그래프로 표시하세요.

점수

22. 설명하는 글 읽기(22)

| 평가요소 | 1. ☐ 15점 | 2. ☐ 15점 | 3. ☐ 10점 | 4. ☐ 15점 | 5. ☐ 15점 | 6. ☐ 15점 | 7. ☐ 15점 |

166쪽 표의 해당하는 번호에 체크하세요.

(가) 바닷속에는 여러 가지 동물이 살고 있습니다. 그 가운데에서 두 가지 동물을 소개하겠습니다.

첫 번째는 '해마'입니다. 해마는 비록 몸은 작지만, 겉모습이 말처럼 생겼다고 하여 붙여진 이름입니다. 몸길이는 6~10센티미터 정도이고, 가늘고 긴 주둥이로 물을 빨아들여 그 속의 작은 새우나 플랑크톤을 먹지요. 꼬리를 아래로, 머리를 위로한 채 등에 붙어 있는 지느러미를 좌우로 움직이며 몸을 곤두세워 헤엄칩니다. 해마는 깨끗한 바다에 살며, 자신의 몸을 위장하여 몸을 숨기는 능력이 뛰어납니다.

두 번째는 '문어'입니다. 문어는 스스로 움직일 수 있는 발이 여덟 개 있고, 각 발에는 많은 빨판이 있으며, 힘이 매우 셉니다. 문어의 둥그런 부분은 머리가 아니라 몸통입니다. 머리는 몸통과 발이 연결되는 부분에 있습니다. 몸집이 큰 문어는 40킬로그램 이상 나갑니다. 문어는 주로 어두운 곳에서 활동하며, 감정이나 환경에 따라 몸의 색깔을 바꿀 수 있고, 위협을 느낄 때는 먹물을 뿜고 빠르게 도망갑니다.

(나) 바닷속에는 여러 가지 동물이 살고 있습니다. 그 가운데에서 두 가지 동물을 소개하겠습니다.

첫 번째는 '돌고래'입니다. 돌고래의 몸은 위에서 보면 앞부분이 둥글고 뒷부분이 뾰족하여 물의 힘을 적게 받습니다. 꼬리는 갈라진 모양이고, 등지느러미는 종류에 따라 없거나 형태가 다르며 몸 색깔과 무늬도 여러 가지입니다. 수에는 차이가 있으나 무리를 이루어 이동하며, 주로 오징어와 물고기를 즐겨 먹습니다.

두 번째는 '산호'입니다. 산호는 식물처럼 보이지만 동물입니다. 산호는 종류에 따라 커다란 부채 모양, 나뭇가지 모양, 사슴뿔 모양 등 여러 가지 모양과 화려한 색깔을 지니고 있습니다. 산호는 장식용으로 많이 사용되는데 빨간 산호는 작은 가지가 많고, 연분홍 산호는 깊은 바다에 살며 크기가 크고, 환산호는 가장 얕은 바다에 살며 가지가 적습니다. 산호는 낮에는 오므리고 있다가 밤에는 활짝 펴서 게나 작은 새우 등 좋아하는 먹이가 들어오기를 기다렸다가 잡아먹습니다.

주제찾기 1. (가), (나)에서 설명한 중심 내용은 무엇입니까?

① 생김새
② 먹잇감
③ 움직임
④ 몸무게
⑤ 사냥 방법

제목찾기 2. 빈칸을 채워 글의 제목을 알맞게 붙여 보세요.

| 여러가지 □□□ □□의 생김새와 특징 |

사실이해 3. 글에서 자세히 설명하지 <u>않은</u> 동물은 무엇입니까?

① 해마
② 문어
③ 돌고래
④ 오징어
⑤ 산호

미루어알기 4. 글을 읽고 알 수 있는 내용은 무엇입니까?

① 바닷속에 들어가는 방법
② 바닷속에 사는 동물의 종류
③ 바닷속에서 얻을 수 있는 음식
④ 바닷속과 바다 밖에 사는 동물들
⑤ 바닷속의 동물들에 대한 새로운 지식

관련 교과 **국어**

세부내용

5. 아래의 글은 어떤 동물을 설명한 것입니다. 동물의 이름을 쓰세요.

> 식물처럼 보이지만 동물입니다. 종류에 따라 커다란 부채 모양, 나뭇가지 모양, 사슴뿔 모양 등 여러 가지 모양과 화려한 색깔을 지니고 있습니다.

적용하기

6. 글을 읽기 전에 미리 해야 할 일을 아래에 정리해 보았습니다. 관련되는 것끼리 선으로 이으세요.

읽는 목적을 생각하여 봅니다.	•	•	텔레비전에서 바닷속 생물을 소개하는 프로그램을 보았던 것을 떠올립니다.
아는 내용이나 겪은 일을 떠올려 봅니다.	•	•	바닷속 동물들에 대해 새롭게 알기 위하여
어떤 방법으로 읽을지 생각하여 봅니다.	•	•	소개하는 동물의 이름과 그 특징을 소개한 내용에 밑줄을 그어가며 읽습니다.

요약하기

7. 글의 주요 내용을 아래의 표로 간추렸습니다. 빈칸에 알맞은 말을 쓰세요.

바닷속 동물			
해마	문어	돌고래	산호
• ① □처럼 생김. • 작은 새우, 플랑크톤을 먹음. • 몸을 곤두세워 헤엄침.	• 8개의 발에 많은 ② □□이 있음. • 위급할 때 먹물을 뿜고 도망함.	• 앞이 둥글고 뒤가 뾰족함. • ③ □□를 지어 이동	• 여러 가지 ④ □□과 화려한 색깔. • 밤에 몸을 활짝 펴서 먹이 사냥

점수

1~7번 문제의 점수를 더하여 총점을 쓰고 162쪽의 표에 막대그래프로 표시하세요.

22. 설명하는 글 읽기(22) 71

독해력 키움 | 23. 설명하는 글 읽기(23)

평가요소 | 1. ☐ 15점 | 2. ☐ 15점 | 3. ☐ 15점 | 4. ☐ 20점 | 5. ☐ 15점 | 6. ☐ 20점

166쪽 표의 해당하는 번호에 체크하세요.

(가) 이 그림은 반짝반짝 빛나는 별과 잎이 많은 나무가 있는 밤의 모습을 보여 주고 있습니다. 이 풍경은 물감을 겹겹이 칠해서 무척 두꺼운 느낌이 나게 그렸습니다. 그래서 그림 안에 있는 붓 자국을 모두 볼 수 있습니다. 이 그림을 그린 빈센트 반 고흐는 강한 원색을 즐겨 사용하였고, 가끔 물감을 직접 짜서 바르기도 하였습니다.

고흐, 「별이 빛나는 밤」

다. 이런 강렬한 색과 소용돌이치는 듯한 붓질 표현은 마치 그림이 살아 있는 것 같은 생생한 느낌을 줍니다. 빈센트 반 고흐는 겹겹이 두껍게 물감을 칠해서 소용돌이와 굽이치는 풍경을 표현하였습니다.

(나) 이 화려한 색상의 그림은 러시아 미술가 바실리 칸딘스키가 서로 다른 색을 나란히 놓았을 때 드러나는 효과를 살펴보기 위하여 그렸습니다. 그는 어떤 색이 더욱 두드러지고, 어떤 색이 서로 섞이는지 알고 싶었습니다. 그리고 사람의 관심과 시선을 잡아끄는 선명한 모양을

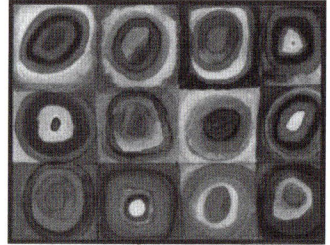

칸딘스키, 「동심원이 있는 정사각형」

만들기 위해 서로 다른 색을 어떻게 사용할지 궁리하였습니다. 칸딘스키는 서로 반대되는 색으로 원을 그려서 시선을 집중시켰습니다.

주제찾기

1. 글 옆에 그림을 왜 놓았을까요?

① 글을 쉽게 이해할 수 있으므로
② 글을 집중해서 읽을 수 있으므로
③ 글의 내용이 대해 비판할 수 있으므로
④ 글의 내용을 친구에게 전해줄 수 있으므로
⑤ 글에 나타난 의견과 다른 의견을 가질 수 있으므로

글감찾기

2. (가), (나)에서 다루고 있는 글의 재료는 무엇입니까? 빈칸을 채워서 답하세요.

> 유명한 □□의 명화

사실이해

3. 글 (가)에서 소개한 그림의 특징을 결정하는 것은 무엇이라고 했습니까?

① 별, 잎   ② 나무, 밤   ③ 붓, 화가
④ 풍경, 물감   ⑤ 색채, 붓질

미루어알기

4. (가)를 읽고 아크릴 물감을 써서 소용돌이치는 모습을 표현하려고 합니다. 〈보기 1〉의 2~5에 놓일 내용을 〈보기 2〉에서 찾아 기호를 차례대로 쓰세요.

〈보기 1〉

> 1. 두꺼운 종이 위에 경사가 급하지 않은 언덕, 잎이 많은 나무와 소용돌이치고 있는 구름이 가득한 하늘을 스케치합니다.
> 2.
> 3.
> 4.
> 5.
> 6. 마지막으로 붓대 끝을 사용하여 나뭇잎 부분을 중심 방향으로 둥글게 말아 감아 긁습니다.

〈보기 2〉

> (가) 팔레트에 아크릴 물감을 짜 놓습니다. 짜 놓은 각각의 물감에 액체 풀을 몇 방울 떨어뜨려 섞습니다.
> (나) 그림에 소용돌이 자국을 내기 위하여 플라스틱 포크로 구름과 하늘의 곡선 주변을 긁습니다.
> (다) 구름 낀 하늘은 파란색과 회색의 소용돌이로 표현합니다. 스케치한 선을 덮어 칠해도 괜찮습니다.
> (라) 언덕과 나무는 갈색, 녹색, 노란색으로 칠합니다. 포크로 문지르고 언덕을 따라 물결 모양으로 긁습니다.

세부내용 5. 칸딘스키가 관심을 가지고 표현하고자 한 것은 무엇입니까?

① 색
② 점
③ 선
④ 모양
⑤ 움직임

적용하기 6. 글 (나)의 내용에 따라 칸딘스키의 그림을 그리는 순서를 기호로 쓰세요.

> (가) 도화지를 접어서 여섯 개의 사각형을 만듭니다.
> (나) 사각형마다 서로 다른 색으로 수채화 물감을 칠합니다.
> (다) 크레파스로 각각의 사각형 안에 동심원을 그립니다.

1~6번 문제의 점수를 더하여 총점을 쓰고 162쪽의 표에 막대그래프로 표시하세요.

점 수

독해력 키움 | 24. 설명하는 글 읽기(24)

| 평가요소 | 1. ☐ 15점 | 2. ☐ 10점 | 3. ☐ 15점 | 4. ☐ 15점 | 5. ☐ 15점 | 6. ☐ 15점 | 7. ☐ 15점 |

166쪽 표의 해당하는 번호에 체크하세요.

동물들은 대부분 꼬리가 있어요. 꼬리는 왜 있을까요?

개와 늑대, 그리고 그 밖의 많은 동물이 꼬리로 이야기를 해요.

늑대가 꼬리를 하늘을 향해 쭉 뻗으면, "내가 대장이야!"라는 뜻이에요. 서서 꼬리를 늘어뜨리고 있으면 "관심 없어."라는 표시이지요. 꼬리를 비스듬히 옆으로 향하게 하면 "꼼짝 않고 있을게.", 꼬리를 왼쪽, 오른쪽으로 부드럽게 살랑살랑 흔들면 "기분이 좋아."라고 말하는 거예요.

새나 하늘다람쥐처럼 나무 사이를 날아다니는 동물들은 꼬리를 움직여 방향을 잡아요. 하늘다람쥐는 나무 사이를 건널 때 꼬리로 방향을 조절해요. 그리고 많은 동물이 꼬리를 써서 몸의 균형을 잡거나 방향을 바꿔요.

아주 별난 방식으로 꼬리를 쓰는 동물들도 있어요. 똑바로 서기 위하여 꼬리로 버티는 거예요! 캥거루, 미어캣, 황제펭귄 같은 동물들은 꼬리로 땅을 힘껏 누르면서 똑바로 서 있답니다. 딱따구리는 꼬리를 아래로 향하고 몸을 세워 나무에 붙어 있지요.

어떤 동물들은 꼬리로 위험하다는 신호를 보낸답니다. 흰꼬리사슴이 무서운 동물을 피해 도망을 갈 때 그 꼬리를 보면 달아나려는 방향을 알 수 있어요. 비버는 위험이 다가오면 꼬리로 물을 찰싹찰싹 쳐서 다른 비버들에게 일러 줘요. 방울뱀은 꼬리를 흔들어 다른 동물들이 가까이 오지 못하게 해요.

꼬리는 해충[1]이나 적을 쫓아 버리는 데도 쓸모가 있어요. 꼬리는 훌륭한 파리채예요. 말, 기린, 사자, 젖소 등은 꼬리로 해충이나 적을 쫓아버린답니다.

세상에서 꼬리를 가장 잘 쓰는 동물 가운데에 하나는 주머니쥐일 거예요. 꼬리로 나무에 매달리기도 하고, 나뭇가지나 풀잎을 붙잡기도 하죠. 아기 주머니쥐들은 엄마 주머니쥐의 꼬리에 매달려 어리광을 부리기도 한답니다.

Note [1] 해충: 인간의 생활에 해를 끼치는 벌레를 통틀어 이르는 말.

주제찾기 **1.** 글의 중심 내용은 무엇입니까?

① 동물들이 꼬리로 하는 일
② 꼬리가 있는 동물들
③ 꼬리가 긴 동물들
④ 꼬리가 짧은 동물들
⑤ 꼬리가 동물에게 생긴 이유

제목찾기 **2.** 글에 알맞은 제목을 붙이기 위해 빈칸을 채우세요.

동물의 □□

사실이해 **3.** 글을 펼쳐나간 방식으로 알맞은 것은 무엇입니까?

① 쉬운 내용에서 어려운 내용으로 펼쳤다.
② 어려운 내용에서 쉬운 내용으로 펼쳤다.
③ 스스로 묻고 그 물음에 대해 답을 펼쳤다.
④ 중심 내용에 뒷받침하는 내용을 이어갔다.
⑤ 뒷받침 내용을 중심 내용으로 간추려갔다.

미루어알기 **4.** 글을 읽고 나서 더 알고 싶은 내용으로 볼 수 있는 것은 어느 것입니까?

① 개와 늑대는 꼬리로 어떤 뜻을 드러낼까?
② 하늘다람쥐는 날 때 왜 꼬리를 움직일까?
③ 딱따구리는 꼬리를 아래로 향해 무엇을 할까?
④ 청설모와 치타도 꼬리로 몸의 균형을 잡을까?
⑤ 흰꼬리사슴의 꼬리를 보면 도망갈 방향을 알 수 있을까?

세부내용

5. 글을 보다 깊이 있게 이해하기 위해 아래와 같은 내용을 미리 알아두려고 합니다. 빈칸을 채우세요.

> 개, 하늘다람쥐, 사슴 같은 길짐승의 꽁무니에 붙은 것은 □□라고 하고, 새의 꽁무니에 붙은 것은 □□라고 합니다.

적용하기

6. 이 글을 읽고 생각한 것으로 알맞은 것은 무엇입니까?

① 동물은 소리로만 이야기하는건 아니죠.
② 동물은 꼬리로 걸을 수 있겠군.
③ 동물은 꼬리로 싸움도 하는군.
④ 동물의 꼬리는 사람의 손과 같은 일을 하는군.
⑤ 꼬리로 날아다니는 동물도 있군.

요약하기

7. 글의 중심 내용을 아래의 표로 간추리려고 합니다. 빈칸을 채워 완성하세요.

동물	꼬리로 하는 일
개, ① □□	꼬리로 이야기합니다.
새, 하늘다람쥐	꼬리를 움직여 ② □□을 잡습니다.
③ □□□, 미어캣, 황제펭귄	꼬리로 땅을 힘껏 누르면서 똑바로 서 있습니다.
흰꼬리사슴, 비버, 방울뱀	꼬리로 위험하다는 ④ □□를 보냅니다.
말, 기린, 사자, ⑤ □□	꼬리로 해충이나 적을 쫓아 버립니다.
주머니쥐	꼬리로 나무에 매달리거나 나뭇가지, ⑥ □□을 붙잡기도 합니다.

점수

1~7번 문제의 점수를 더하여 총점을 쓰고 162쪽의 표에 막대그래프로 표시하세요.

독해력 키움 | 25. 설명하는 글 읽기(25)

| 평가요소 | 1. ☐ 15점 | 2. ☐ 10점 | 3. ☐ 15점 | 4. ☐ 15점 | 5. ☐ 15점 | 6. ☐ 15점 | 7. ☐ 15점 |

166쪽 표의 해당하는 번호에 체크하세요.

둥근 고무줄의 자리를 옮기는 마술[1]을 배워 봅시다. 둥근 고무줄 옮기기 마술은 손가락 네 개에 걸려 있는 둥근 고무줄을 빼지 않고도 집게손가락과 가운뎃손가락에 끼운 둥근 고무줄을 넷째 손가락과 새끼손가락으로 옮기는 것입니다.

지금부터 고무줄 마술을 하는 방법을 알려 줄 테니 잘 읽어 보세요.

첫 번째, 둥근 고무줄을 두 개 준비합니다. ㉠색이 다른 고무줄이라면 더욱 좋습니다. 이 글에서는 주황색과 파란색 고무줄을 사용하여 설명하겠습니다.

두 번째, 주황색 고무줄을 왼손의 집게손가락과 가운뎃손가락에 끼웁니다. 주황색 고무줄은 그대로 두고, 이제 파란색 고무줄을 손가락에 감아야 합니다.

세 번째, 파란색 고무줄을 손가락 네 개에 꼬아 감습니다. 구체적으로 설명하자면, 파란색 고무줄을 집게손가락의 첫째 마디 부분에 걸고 꼬이게 해서 가운뎃손가락으로 가져갑니다. 같은 방법으로 가운뎃손가락과 넷째 손가락, 새끼손가락에 고무줄을 꼬아 감습니다. 그럼 마술을 시작할 준비는 끝났습니다.

네 번째, 오른손으로 집게손가락과 가운뎃손가락에 걸린 주황색 고무줄을 몸쪽으로 잡아당깁니다. 너무 세게 당기면 끊어질 수 있으므로 적당한 힘으로 당깁니다.

다섯 번째, 파란색 고무줄이 감겨 있는 네 손가락을 주황색 고무줄의 안쪽으로 구부려 넣습니다. 그리고 오른손으로 당겼던 주황색 고무줄을 네 손가락 위에 살짝 올려놓습니다.

여섯 번째, 네 손가락으로 고무줄을 들어 올리면서 손가락을 폅니다. 그러면 주황색 고무줄은 파란색 고무줄의 방해를 받지 않고 눈 깜짝할 사이에 넷째 손가락과 새끼손가락에 옮겨져 걸리게 된답니다.

Note [1] 마술: 재빠른 손놀림이나 여러 가지 장치, 속임수 따위를 써서 불가사의한 일을 하여 보임.

주제찾기 1. 아래에서 필요한 낱말을 골라서 10자 이내로 이 글의 주제를 만들어 보세요.

> 고무줄, 손가락, 색, 마술, 옮기기

제목찾기 2. 글에 알맞은 제목이 될 수 있도록 빈칸을 채우세요.

> 고무줄을 옮기는 □□

사실이해 3. 마술의 준비물은 무엇입니까? 빈칸을 채워 답하세요.

> 색깔이 다른 □□ □□□ 두 개

미루어알기 4. 다음 중, 약속한 마술이 실현되는 그림은 어느 것입니까?

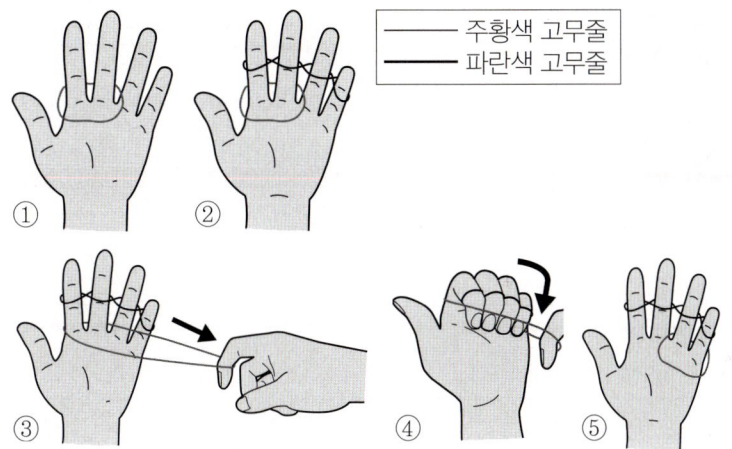

세부내용

5. ㉠의 이유를 설명한 것으로 알맞은 것은 어느 것입니까?

① 같은 색이면 재미가 없어서
② 옮겨진 모습을 잘 보여 줄 수 있어서
③ 눈속임이 드러나지 않게 하기 위해서
④ 파란색이 손가락에 잘 감기기 때문에
⑤ 손가락 색과 구별이 되어야 하기 때문에

적용하기

6. 글에서 소개한 마술을 배우기 위해 반드시 새겨 두어야 할 것은 무엇입니까?

① 도구
② 순서
③ 고무줄
④ 손가락 이름
⑤ 고무줄 색깔

요약하기

7. 아래의 표로 둥근 고무줄의 자리를 옮기는 마술을 하는 순서를 정리하여 보았습니다. 빈칸에 알맞은 낱말을 쓰세요.

색깔이 다른 둥근 고무줄을 두 개 준비한다.
주황색 고무줄을 왼손의 ① ☐☐☐☐☐과 가운뎃손가락에 끼운다.
파란색 고무줄을 손가락 네 개에 꼬아 감는다.
오른손으로 ② ☐☐☐ 고무줄을 몸 쪽으로 잡아당긴다.
파란색 고무줄이 감겨 있는 네 손가락을 안쪽으로 구부려 넣는다.
네 손가락으로 ③ ☐☐☐을 들어 올리면서 손가락을 편다.

1~7번 문제의 점수를 더하여 총점을 쓰고 162쪽의 표에 막대그래프로 표시하세요.

점수

독해력 키움 | 26. 설득하는 글 읽기(1)

| 평가요소 | 1. ☐ 15점 | 2. ☐ 15점 | 3. ☐ 10점 | 4. ☐ 15점 | 5. ☐ 15점 | 6. ☐ 15점 | 7. ☐ 15점 |

167쪽 표의 해당하는 번호에 체크하세요.

빨강 두건 아씨 안녕하세요?

저는 얼마 전에 도서관에서 옛날 그림이 많이 그려져 있는 책을 발견하였습니다. 그 책을 펼쳤다가 아씨와 일곱 동무를 만나게 되었답니다.

빨강 두건 아씨께서는 바느질을 도와주는 일곱 동무가 있었어요. 아씨의 일곱 동무인 자, 가위, 바늘, 실, 골무, 인두, 다리미는 서로 자기가 중요하다며 싸우고 잘난 체하였어요. 그래서 아씨의 바느질이 제대로 될 수 없었지요.

아씨께서는 자, 가위, 바늘, 실, 골무[1], 인두[2], 다리미 중에서 어느 것이 가장 중요하다고 생각하셨어요? ㉠<u>저는 일곱 동무 모두가 중요하다고 생각합니다. 왜냐하면 그중에서 어느 것 하나라도 없으면 바느질을 잘할 수 없기 때문입니다.</u>

이 책을 읽으면서 공부할 때 저를 도와주는 고마운 동무들이 떠올랐습니다. 책, 연필, 공책, 색연필, 지우개, 자, 필통들이 모두 제게 꼭 필요한 친구들입니다. 그중에서 어느 것 하나라도 없으면 공부를 잘할 수 없을 것입니다.

아씨, 저는 빨강 두건 아씨께서 어떤 때에는 좀 무서운 분이시라고 느꼈습니다. 일곱 동무가 잘난 체하고 서로 다툰다고 화를 내셨잖아요. 하지만 그렇게 무섭게 화내시기보다 타일러서 서로 사이좋게 지내게 하는 것이 더욱 좋지 않을까요? 그러면 모두 서로 잘못한 것을 깨닫고 부끄러워하며 더욱 사이가 좋아질 것입니다.

저는 이 책을 읽고 바느질에 쓰이는 물건들을 잘 알 수 있었어요. 그리고 아씨의 일곱 동무가 저마다 하는 일이 다 달라도 똑같이 소중하다는 것을 느꼈답니다.

이제 아씨께서는 일곱 동무의 도움을 받으며 더욱 바느질을 꼼꼼히 잘하고 계시겠지요? 저도 늘 제 곁에서 공부를 도와주는 물건들을 동무처럼 생각하고 지내겠습니다. 그러면 외롭지도 않고 더욱 힘이 난다는 것을 알았으니까요!

빨강 두건 아씨. 그럼 일곱 동무와 다정하게 이야기를 나누면서 예쁘고 튼튼한 옷 많이 지으세요. 안녕히 계세요!

Note
[1] 골무: 바느질할 때 바늘귀를 밀기 위하여 손가락에 끼는 도구.
[2] 인두: 바느질 할때 불에 달구어 천의 구김살을 눌러 펴거나 솔기를 꺾어 누르는 데 쓰는 기구. 쇠로 만들며 바닥이 반반하고 긴 손잡이가 달려 있다.

주제찾기 1. 글의 내용에 맞게 빈칸을 채우세요.

빨강 두건 아씨와 일곱동무를 읽은 후 생각과 □□을 적은 독서 □□□

글감찾기 2. '빨강 두건 아씨'의 '일곱 동무'는 무엇을 할 때 사용하는 물건인가요?

① 빨래
② 다림질
③ 바느질
④ 물레질
⑤ 소꿉놀이

사실이해 3. 글의 형식은 무엇을 빌려서 썼습니까?

① 편지
② 일기
③ 기사
④ 사설
⑤ 연설

미루어알기 4. 글에서 읽은 책의 내용에 해당하는 것은 어느 것입니까?

① 인물을 평가한 부분
② 인물에 대한 느낌을 말한 부분
③ 새롭게 떠올린 생각을 나타낸 부분
④ 줄거리를 요약한 부분
⑤ 사건을 해석한 부분

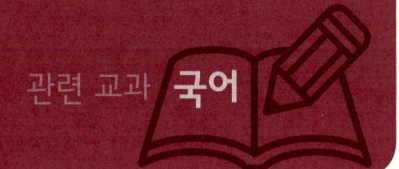

세부내용

5. 글에서 책의 내용뿐만 아니라 생각이나 느낌도 함께 나타내면 어떤 효과가 있을까요?

① 책의 내용을 쉽게 요약할 수 있다.
② 줄거리를 생생하게 떠올릴 수 있다.
③ 길더라도 지루하지 않게 읽을 수 있다.
④ 다른 사람에게 읽는 솜씨를 자랑할 수 있다.
⑤ 읽은 사람의 감동을 보다 생생하게 전할 수 있다.

적용하기

6. ㉠의 두 문장은 어떤 짜임새를 보여 줍니까?

① 근거+의견
② 의견+근거
③ 주장+근거
④ 근거+주장
⑤ 단정+예시

요약하기

7. 글에서, 읽은 책의 내용에 해당하는 것에는 ○를, 글쓴이의 생각이나 느낌에 해당하는 것에는 ★을 붙여 보세요.

내용	붙임
아씨의 일곱 동무인 자, 가위, 바늘, 실, 골무, 인두, 다리미는 서로 자기가 중요하다며 싸우고 잘난 체하였어요.	
저는 일곱 동무 모두가 중요하다고 생각합니다. 왜냐하면 그중에서 하나라도 없으면 바느질을 잘 할 수 없기 때문입니다.	
이 책을 읽으면서 공부할 때 저를 도와주는 고마운 동무들이 떠올랐습니다.	
일곱 동무가 잘난 체하고 서로 다툰다고 화를 내셨잖아요.	
아씨, 저는 빨강 두건 아씨께서 어떤 때에는 좀 무서운 분이시라고 느꼈습니다.	
저도 늘 제 곁에서 공부를 도와주는 물건들을 동무처럼 생각하고 지내겠습니다. 그러면 외롭지도 않고 더욱 힘이 난다는 것을 알았으니까요.	

점수

1~7번 문제의 점수를 더하여 총점을 쓰고 163쪽의 표에 막대그래프로 표시하세요.

독해력 키움 | 27. 설득하는 글 읽기(2)

| 평가요소 | 1. ☐ 20점 | 2. ☐ 15점 | 3. ☐ 15점 | 4. ☐ 15점 | 5. ☐ 15점 | 6. ☐ 20점 |

167쪽 표의 해당하는 번호에 체크하세요.

오늘도 선생님은 내 쓰기 공책에 빨간색 표시를 하셨어요. 정말 띄어쓰기 따위는 모두 없어져 버렸으면 좋겠어요! 띄어쓰기는 진짜 진짜 어려워요. 꼭 글자를 띄어 써야 하나요.

"틀렸어! 이것도 틀렸잖아! 몇 살인데 아직도 띄어쓰기 하나 제대로 못 하니? 다시 써 봐!"

이번엔 엄마가 내 쓰기 공책을 보고 버럭 소리를 질렀어요. 나는 씩씩거리며 한 글자씩 써 내려 갔어요.

엄마 가방에 들어가신다.

눈을 부릅뜨고 지켜보던 엄마가 여행용 가방 속으로 들어가 버렸어요. 엄마가 소리치는데, 잘 안 들려요.

"야, 틀렸잖아. 제대로 안 쓰면 읽는 사람이 곤란해진다고. 빨리 다시 써 봐!"

소파에 앉아 있던 아빠가 말했어요. 이번엔 아빠 이야기로 다시 썼어요.

아빠 가방에 들어가신다.

그러자 아빠도 커다란 배낭 속으로 들어가 버렸어요. 엄마랑 아빠 대신 가방 두 개가 날 노려보았어요. 여행용 가방이 스륵스륵, 커다란 배낭이 꿈틀꿈틀, 내 방문 앞까지 쫓아왔어요.

"틀렸어! 틀렸잖아! 빨리 제대로 안 띄어 써!"

어렴풋이 엄마 아빠 목소리가 들렸어요.

"내가 조금 심했나?"

나는 다시 쓰기 공책에 썼어요.

엄마랑 아빠가 방에 들어가신다.

엄마랑 아빠가 내 방으로 들어왔어요. 아빠가 흐르는 땀을 닦으며 말했어요.

"휴, 힘들어 죽겠네. 그래, 그렇게 띄어 써야지."

엄마, 아빠가 다시 눈을 부릅뜨며

"이것도 써 봐!"

하고는 쓰기 공책을 가리켰어요.

나는 다시 연필을 잡고 한 글자씩 써 나갔어요.

아빠 가죽을 드신다.

아빠가 가죽 허리띠를 우적우적 씹어 먹었어요.

나는 너무너무 웃겨서 바닥에서 데굴데굴 구르며, 배를 잡고 깔깔 웃었어요.

아빠가 가죽을 우물우물 씹으며 소리를 질렀어요.

"들려서! 발리 죄대로 안 디여 서!"

아마 "틀렸어! 빨리 제대로 안 띄어 써!"인가 봐요.

나는 아빠에게 살짝 미안한 마음이 들었어요.

나는 잠깐 고민하다가 다시 쓰기 공책을 적었어요.

아빠가 죽을 드신다.

"그래, 그렇게 띄어 써야 맞는 거야."

그렇게 하루가 저물었어요. 엄마랑 아빠가 엄청 지쳐 보였어요.

"앞으론 잘 띄어 쓸게."

나는 웃으며 말했어요. 이건 말이에요. 절대로 내가 틀려서가 아니라 엄마, 아빠가 힘들어해서 그러는 거예요. 앞으론 어렵지만 잘 띄어 써야 할 것 같아요.

주제찾기   **1.** 글의 중심 내용은 무엇입니까?

① 엄마의 어리석음
② 아빠의 엉뚱한 행동
③ 띄어쓰기의 방법
④ 띄어쓰기의 어려움
⑤ 띄어쓰기의 중요성

글감찾기   **2.** 이 글의 글감을 4자로 찾아쓰세요.

사실이해

3. 글쓴이의 중심 생각을 알 수 있는 문장은 어느 것입니까?

① 띄어쓰기는 진짜 진짜 어려워요.
② 이번엔 아빠 이야기로 다시 썼어요.
③ 아빠가 가죽 허리띠를 씹어 먹었어요.
④ 아빠에게 살짝 미안한 마음이 들었어요.
⑤ 앞으론 어렵지만 잘 띄어 써야 할 것 같아요.

미루어알기

4. 글을 쓴 목적은 무엇이라 할 수 있나요?

① 잘못에 변명하기 위해
② 잘못을 반성하기 위해
③ 잘못을 남에게 알리기 위해
④ 아빠 엄마에게 용서를 빌기 위해
⑤ 아빠 엄마의 고생을 알리기 위해

세부내용

5. 글에서 '나'가 띄어쓰기를 잘못한 까닭은 무엇입니까?

① 낱말과 낱말 사이를 띄어 쓰지 못해서.
② 마침표나 쉼표 뒤에 오는 말을 띄어 쓰지 못해서.
③ '은/는', '이/가' 같은 말을 앞말에 붙여 쓰지 못해서.
④ 수를 나타내는 말과 단위를 나타내는 말 사이를 띄어 쓰지 못해서.
⑤ '대로', '만큼'처럼 명사와 조사로 두루 사용되는 단어를 알지 못해서.

적용하기

6. 띄어 써야 할 위치에 V표를 해 보세요.

> 거울은닦으면닦을수록깨끗해지고, 글은다듬어고치면고칠수록좋아집니다. 스스로쓴글을여러번고쳐쓰는습관을기르세요.

1~6번 문제의 점수를 더하여 총점을 쓰고 163쪽의 표에 막대그래프로 표시하세요.

점수

독해력 키움 | 28. 설득하는 글 읽기(3)

평가요소 | 1. ☐ 20점 | 2. ☐ 15점 | 3. ☐ 20점 | 4. ☐ 15점 | 5. ☐ 15점 | 6. ☐ 15점

167쪽 표의 해당하는 번호에 체크하세요.

　오늘은 선생님이 여러분에게 「울타리의 못 자국」이라는 훈화[1]를 들려주려고 합니다. 요즈음 우리 어린이들을 보면 자기 기분이 내키는 대로 친구들에게 말하거나 듣기에 매우 좋지 않은 말, 심지어 욕도 많이 쓰고 있지요. 이런 말들은 친구의 마음에 상처를 주게 되고, 그 상처는 오래도록 아물지 않습니다. 선생님이 들려주는 이야기를 잘 듣고 친구들에게 어떻게 말해야 할지 생각해 보기를 바랍니다.

　어느 시골 마을에 거친 말을 자주 하는 아이가 있었습니다. 아버지는 아이의 나쁜 습관을 더는 그대로 둘 수 없었습니다. 그래서 아이가 거친 말을 할 때마다 울타리에 못을 하나씩 박게 하였습니다. 아이는 거친 말을 너무 자주 하였기 때문에 하루에도 여러 번 밖으로 나가 울타리에 못을 박아야 했습니다. 밖에 나가 울타리에 못을 박는 것은 아이에게 몹시 귀찮고 힘든 일이었습니다. 그래서 아이는 거친 말을 더는 하지 말아야겠다고 다짐하였습니다. 이후 아이의 못을 박는 횟수는 눈에 띄게 줄었고, 얼마 되지 않아 더는 울타리에 못을 박지 않아도 되었습니다.

　그러자 이번에는 아버지가 박아 놓은 못을 다시 뽑으라고 하였습니다. 아버지의 말에 아이는 못을 뽑으려고 하였으나 쉽게 뽑히지 않았습니다. 아이가 힘들여 못을 다 뽑자 아버지는 울타리에 난 못 자국을 만져 보라고 하며 말하였습니다.

　"한 번 박힌 못은 쉽게 뽑히지 않지? (　㉠　) 우리가 한 말도 한 번 말하면 되돌리기가 쉽지 않단다. 그리고 여기 이 자국을 보렴. 네가 아무렇지도 않게 생각하고 한 거친 말이 다른 사람에게는 이 자국처럼 상처로 남는단다."

　여러분은 친구들에게 어떻게 말하고 있나요? 이 못 자국처럼 지워지지 않는 상처가 되는 말을 하고 있지는 않나요? 친구들에게 상처가 되는 말을 하지 않기 위해 어떻게 말해야 할지 선생님이 알려 주는 방법을 잘 듣고 실천하기를 바랍니다.

　첫째, 말을 하기 전에 한 번 더 생각해 봅니다. 말하기 전에 자신의 말이 못 자국처럼 상처가 되는 말이 아닐지 다시 한 번 생각하여 보는 습관을 들이도록 합시다.

Note　[1] 훈화: 가르쳐 좋게 되도록 이끎.

둘째, 욕과 같이 듣기에 좋지 않은 말은 절대 쓰지 말아야 합니다. 욕과 같은 말은 상대의 마음을 다치게 할 뿐만 아니라 자신에게 화살로 되돌아올 수 있기 때문입니다.

ⓒ말은 한 번 뱉으면 주워 담을 수 없습니다. 여러분이 쓰는 거친 말이 주변 사람들에게 큰 상처가 되고 그것이 다시 자신에게 되돌아올 수 있음을 꼭 기억하고 말을 조심히 하기를 바랍니다.

주제찾기 1. 선생님이 전하고자 한 말씀의 핵심 내용은 무엇입니까?

① 좋은 말하는 습관 키우기
② 나쁜 말하는 아이들의 버릇
③ 나쁜 말이 주변에 끼치는 영향
④ 좋은 말 하는 아이와 나쁜 말하는 아이
⑤ 나쁜 말과 좋은 말을 서로 주고받는 학교생활

제목찾기 2. 선생님이 들려주신 이야기의 제목을 글에서 찾아 쓰세요.

사실이해 3. 선생님이 아이들에게서 문제 삼고자 한 말 두 가지를 찾아 쓰세요.

미루어알기

4. ㉠에 들어갈 말로 알맞은 것은 무엇입니까?

① 따라서
② 이처럼
③ 그래서
④ 그런데
⑤ 그러나

세부내용

5. ㉡의 뜻풀이가 바른 것은 어느 것입니까?

① 거친 말을 입에 올리기 거북합니다.
② 한 번 한 말은 되돌리기가 어렵습니다.
③ 말을 하고 시간이 지나면 잊어버립니다.
④ 나도 모르는 사이에 한 말이 습관이 됩니다.
⑤ 마주 보고 하는 말이 서로에게 상처가 됩니다.

적용하기

6. 글의 내용 흐름에 따를 때, 빈칸에 알맞은 낱말은 무엇입니까?

글감 소개 → 이야기 → □□ → 강조

① 담화
② 대화
③ 훈화
④ 설화
⑤ 실화

점수

1~6번 문제의 점수를 더하여 총점을 쓰고 163쪽의 표에 막대그래프로 표시하세요.

독해력 키움 | 29. 설득하는 글 읽기(4)

167쪽 표의 해당하는 번호에 체크하세요.

　오늘은 여러분에게 「검정소와 누렁소」라는 이야기를 들려주겠습니다. 이 이야기는 '남의 단점을 함부로 말하지 말자.'라는 교훈을 알려 주는 이야기입니다. 왜 남의 단점을 함부로 말해서는 안 되는지 그 까닭을 잘 생각하며 이야기를 들어 보기를 바랍니다.

　한 젊은 선비가 농사일이 한창인 들판을 지나가고 있었습니다. 때마침 들에서 풀을 뜯고 있던 검정소와 누렁소를 보고, 옆에서 쉬고 있던 나이 많은 농부에게 저 두 마리 소 가운데에서 어느 소가 더 나은지 물었습니다. 그러자 농부는 선비가 있는 곳까지 걸어와서 목소리를 낮추어 선비의 귀에 입을 대고 소곤거리며, "힘이 세기로는 검정소가 더 낫지만 일 잘하기로는 누렁소가 더 낫지요."라고 하였습니다.

　선비는, 농부가 그 말을 귀에 대고 낮은 목소리로 말하는 것이 이상하였습니다. 그래서 선비는 농부에게 별것도 아닌 말을 왜 귀에다 대고 이렇게 조심스럽게 말하느냐고 물었습니다. 농부는 아무리 말 못 하는 짐승이지만 자기가 남보다 못하다고 말하는데 좋아할 리가 있겠느냐고 선비에게 되물었습니다. 이 말을 듣고 난 선비는 큰 깨달음을 얻고 농부가 전해 준 ㉠'남의 단점을 함부로 말하지 말자.'라는 교훈을 평생 가슴에 새기며 살아갔다고 합니다.

　짐승 앞에서도 함부로 말하지 않는 농부의 모습을 본받기를 바라며 선생님은 여러분에게 다음의 두 가지를 꼭 실천하여 주기를 부탁합니다.

　첫째, 남의 단점을 쉽게 말하지 말아야 합니다. 우리 주위를 보면 남의 단점을 (㉡) 함부로 말하는 사람이 있습니다. 무엇이 좋지 않고 무엇이 옳지 않다고 말합니다. 그런 사람을 보면 여러분은 어떤 생각이 드나요? 아마 좋은 사람이라는 생각이 들지 않을 것입니다. 남의 단점을 쉽게 말하는 사람은 반대로 다른 사람에게서 좋지 않은 말을 들을 수밖에 없습니다.

　둘째, 상대방의 장점을 찾아 칭찬하는 말을 자주 해 줍시다. 누구에게나 단점도 있지만 장점도 있습니다. 그 장점을 잘 찾아서 칭찬을 해 주면, 상대방은 자신의 장점을 더 발전시키려고 할 것입니다. 그리고 칭찬해 준 사람에게 고마운 마음을 가지게 될 것입니다. 또, 서로를 존중하면서 사이가 더욱 좋아질 것입니다.

　선생님은 여러분이 오늘 이야기를 교훈으로 삼아 앞으로는 남의 단점을 함부로 말하지 말고 다른 사람의 장점을 찾아 칭찬하는 말을 자주 하며 생활하기를 바랍니다.

주제찾기   **1.** 선생님이 실천하기를 바란 것은 무엇입니까?

① 남의 칭찬을 자주 하자.
② 남의 단점을 숨기지 말자.
③ 나의 자랑을 함부로 하지 말자.
④ 나의 단점을 숨기지 말고 고백하자.
⑤ 나의 말이든, 남의 말이든 함부로 말자.

제목찾기   **2.** 선생님이 들려준 이야기의 제목을 찾아 쓰세요.

사실이해   **3.** 이야기 속의 '농부'는 어떤 인물입니까?

① 조심성이 많다.
② 선비와 친한 편이다.
③ 외딴 곳에 숨어서 산다.
④ 사람보다 짐승을 벗하고 산다.
⑤ 짐승 말을 알아들을 만큼 아는 것이 많다.

미루어알기   **4.** ㉠의 까닭으로 알맞은 것은 어느 것입니까?

① 칭찬하는 사람을 이길 수 없으므로
② 짐승도 싫어하는 말은 알아듣기 때문에
③ 선비는 농부보다 단점의 말을 쉽게 알아들으므로
④ 자기가 남보다 못하다고 말하는데 좋아할 리가 없으므로
⑤ 농부는 단점을 말하다가 일찍이 큰 피해를 입은 적이 있으므로

세부내용

5. ⓒ에 들어갈 알맞은 낱말은 무엇입니까?

① 부추겨서
② 들추어서
③ 내밀어서
④ 가두어서
⑤ 발라내서

적용하기

6. 훈화를 듣고 생각을 가장 잘 말한 사람을 고르세요.

① 농부도 선비를 가르칠 수 있다.
② 짐승도 말귀를 알아들을 수 있다.
③ 다른 사람의 단점은 말하지 말아야겠다.
④ 장점만 말하는 사람이 고마운 사람이다.
⑤ 서로 칭찬해주다 보면 사이가 더 좋아질 수 있다.

요약하기

7. 선생님의 훈화를 아래와 같이 요약했을 때, 빈칸에 들어갈 낱말을 순서대로 쓰세요.

> 앞으로는 남의 □□을 함부로 말하지 말고, 다른 사람의 □□을 찾아 □□하는 말을 자주하며 생활합시다.

1~7번 문제의 점수를 더하여 총점을 쓰고 163쪽의 표에 막대그래프로 표시하세요.

점수

독해력 키움 | 30. 설득하는 글 읽기(5)

평가요소 | 1. ☐ 15점 | 2. ☐ 15점 | 3. ☐ 10점 | 4. ☐ 15점 | 5. ☐ 10점 | 6. ☐ 15점 | 7. ☐ 15점

167쪽 표의 해당하는 번호에 체크하세요.

(가) 선생님께

선생님 안녕하세요? 저는 회장 서인호입니다. 선생님께서 체육 시간에 여러 가지 운동을 가르쳐 주셔서 저희는 체육 시간을 참 좋아해요. 선생님께서 하고 싶은 운동이 있으면 이야기하라고 하셔서 들뜬 마음에 이렇게 부탁드리는 글을 씁니다.

다음 체육 시간에는 피구를 하면 좋겠어요. 피구를 하면 우리 반 모두가 참여할 수 있고, 규칙을 지키면서 정정당당히 경기하고 나면 협동심도 기를 수 있을 것 같아요.

지금까지의 체육 시간에 피구를 하면 더욱 즐거울 거예요. 친구들도 저와 같은 생각을 하고 있습니다. 앞으로 더 행복한 우리 반이 될 수 있도록 노력하겠습니다.

선생님 사랑해요.

20○○년 9월 23일　　서인호 올림

(나) 친구들에게

친구들아, 나 시은이야. 나는 착하고 명랑한 너희와 같은 반이어서 행복해. 우리 반에서 한 가지만 고치면 참 좋을 것 같아서 너희에게 부탁하려고 해.

요즘 교실에서 뛰는 친구들이 있잖아? 그런데 교실에서 뛰면 다칠 수가 있어. 며칠 전에 우리 반 친구 한 명이 교실에서 뛰다가 책상 모서리에 부딪히는 바람에 다리에 멍이 들었던 것 기억하지? 다치지는 않더라도 쿵쾅거리는 소리 때문에 시끄러워서 친구들이 책을 읽는 데 방해가 되기도 해. 그러니 뛰고 싶으면 운동장에 나가서 마음껏 뛰어놀면 좋겠어.

멋진 우리 반 친구들아. 내 부탁 들어줄 수 있지? 친구들아, 꼭 부탁해.

20○○년 9월 25일　　임시은 씀

주제찾기 **1.** (가), (나)글의 주제문을 각각 완성하세요.

> (가) ①□□ □□□□ □□를 하게 해주세요.
> (나) ②□□□□ □□ 말자.

글감찾기 **2.** (가), (나)와 같은 글을 쓸 때 반드시 들어가야 할 내용은 무엇입니까? 아래의 빈칸을 채워 답하세요.

> 부탁하고 싶은 내용과 부탁하는 □□

사실이해 **3.** (나)에서 부탁하는 까닭을 알맞게 간추린 것은 어느 것입니까?

① 며칠 전 교실에서 뛰던 친구가 다쳤다.
② 교실에서는 되도록 뛰지 않았으면 좋겠다.
③ 뛰면 다칠 수 있어 위험하고, 소리가 시끄럽다.
④ 정 뛰고 싶으면 운동장에 나가서 뛰어놀면 좋겠다.
⑤ 멋진 우리 반 친구들은 내 부탁을 들어줄 수 있다.

미루어알기 **4.** (가)와 (나)의 글쓴이가 읽는 이에게 바란 것은 무엇입니까?

① 운동을 열심히 하도록
② 교실에서 떠들지 않도록
③ 읽는 사람의 생각을 바꾸도록
④ 스스로 좋아하는 일을 할 수 있도록
⑤ 어른과 선생님의 말씀을 잘 따르도록

관련 교과 **국어**

세부내용

5. (가)에서 부탁드리는 까닭을 말한 문장의 중심 낱말 둘은 무엇과 무엇입니까?

① 체육, 피구
② 피구, 참여
③ 참여, 협동심
④ 협동심, 친구
⑤ 친구, 행복

적용하기

6. 부탁하는 글을 쓰고 다시 살펴보아야 할 내용으로 알맞지 <u>않은</u> 것은 무엇입니까?

① 예의 바르게 썼는지 살펴본다.
② 부탁하는 내용이 드러났는지 확인한다.
③ 부탁하는 까닭을 구체적으로 밝혔는지 살핀다.
④ 문제를 불러일으킨 사람이 누구인지 확인해본다.
⑤ 누가 쓴 글이며, 누구에게 쓴 글인지를 밝혔는지 살핀다.

요약하기

7. (가)의 주요 내용을 아래의 표로 정리했습니다. 빈칸에 낱말을 넣어 완성하세요.

처음	읽는 이, □□□, 인사말, 여러 가지 운동을 가르쳐 주시는 선생님께 감사하다는 표현 등
가운데	부탁하고 싶은 내용, 부탁하는 □□
끝	□□□, 쓴 날짜, 글쓴이

1~7번 문제의 점수를 더하여 총점을 쓰고 163쪽의 표에 막대그래프로 표시하세요.

점수

독해력 키움 | 31. 설득하는 글 읽기(6)

| 평가요소 | 1. ☐ 15점 | 2. ☐ 15점 | 3. ☐ 15점 | 4. ☐ 10점 | 5. ☐ 15점 | 6. ☐ 15점 | 7. ☐ 15점 |

167쪽 표의 해당하는 번호에 체크하세요.

　주변을 보면 작은 일에도 쉽게 힘들어하고 ㉠'왜 나만 이렇게 되었지?' 하며 나쁜 쪽으로만 생각하는 친구를 종종 볼 수 있습니다. 그런 친구들의 표정을 보면 어떤가요? 불만에 차 있고 우울해 보이기도 하여 주변 친구들이 쉽게 다가갈 수 없지요. 그래서 선생님은 오늘 여러분에게 「행복한 사람」이라는 훈화를 들려주려고 합니다. 이 훈화에는 '긍정적인 생각을 하자.'라는 교훈이 담겨 있습니다.

　이야기의 주인공은 두 다리와 두 팔이 없이 태어났지만 "나는 행복한 사람이다."라고 자신 있게 말하고 다니는 닉 부이치치 아저씨입니다. 그는 두 팔과 두 다리가 없고 단지 조그만 왼쪽 발만 가지고 태어났습니다. 따가운 주변의 시선과 그렇게 태어난 것에 대한 절망으로 어릴 때 힘들게 지내기도 하였지만 자라면서 끊임없는 부모님의 사랑을 느끼게 되었고, 포기하지 않는 법과 긍정적으로 생각하는 법을 배우기 시작하였습니다. '저 몸으로는 아무것도 못 할 거야.'라는 세상 사람들의 생각을 비웃듯 닉 아저씨는 양치질이나 옷 입기와 같이 생활에 필요한 모든 행동을 스스로 해 나가는 법을 배우기 시작하였습니다. 그리고 지금 그는 골프와 수영을 즐기고, 작은 발로 멋지게 드럼을 칠 수 있지요. 현재는 전 세계의 사람들이 찾는 인기 강사가 되었고, 얼마 전에는 한 아이의 아버지가 되어 행복한 가정도 일구며 살아가고 있습니다. 닉 아저씨가 전 세계를 다니며 강연하는 모습을 잠시 볼까요?

　㉡(동영상 보기) 영상을 보면서 어떤 생각을 하게 되었나요? 여러분도 닉 아저씨처럼 긍정적이고 밝은 생각을 하면서 지낼 수 있을 것 같나요? 오늘 선생님은 여러분이 다음의 두 가지를 꼭 기억하여 주기를 바랍니다.

　첫 번째는 자신이 얼마나 행복한 사람인지 느끼라는 것입니다. 슬픈 일이 생겼을 때 자신의 곁에는 가족, 친구, 선생님, 이웃들이 함께 있다는 것을 떠올리세요. 자신의 부족한 점 때문에 고민이라면 그것 대신에 자신이 가지고 있는 좋은 점을 떠올리세요. 여러분은 모두 행복할 수 있습니다.

　두 번째는 절대 쉽게 포기하지 말라는 것입니다. 닉 아저씨가 넘어졌다가도 스스로 일어나는 것처럼 여러분도 어떤 어려움이 닥쳤을 때 "난 못 해. 할 수 없어." 하고 포기하지 말기를 바랍니다. 만약 에디슨이 이천 번의 실패를 겪다가 결국 포기하였다면 전구를 발명할 수 있었을까요? 원하는 것을 얻기 위한 과정에서 여러 번 넘어지고 실패하는 것은 당연한 일이랍니다.

　선생님이 말한 이 두 가지, '나는 행복해.', '나는 포기하지 않아.'와 같은 좋은 생각을 자꾸 한다면 어려울 것이 없고, 여러분의 얼굴에는 미소가 가득할 것입니다. 여러분도 닉 아저씨처럼 좋은 생각을 하면서 행복하게 지내기를 바랍니다.

주제찾기 **1.** 선생님이 교훈을 전하면서 주제를 전달하기 위해 어떤 강조의 방법을 썼습니까?

① 교훈의 까닭을 말함　　　② 선생님의 경험을 말함
③ 선생님의 느낌을 말함　　　④ 교훈의 뜻을 빗대어 말함
⑤ 실천의 방법을 자세히 풀어 말함

제목찾기 **2.** 선생님이 들려주신 훈화의 교훈이 무엇인지 아래 빈칸을 채워 완성하세요.

□□□□ □□을 하자.

사실이해 **3.** 글에서 말한 내용과 거리가 먼 것은?

① 포기하지 말자　　　② 긍정적으로 살자
③ 행복한 사람이 되자　　　④ 자신의 장점을 살리자
⑤ 이웃을 생각하자

미루어알기 **4.** ㉠에 숨어 있는 뜻으로 보기 어려운 것은 어느 것인가요?

① 왜 나만 불행해졌지?
② 왜 나는 키가 크지 않지?
③ 왜 나는 먹는 것을 못 참지?
④ 왜 아빠는 내게 꾸중만 하시지?
⑤ 왜 친구들은 나만 따돌리는 것 같지?

세부내용

5. ⓒ의 효과로 알맞은 것은 무엇입니까?

① 감동을 크게 함
② 자부심을 갖게 함
③ 불행을 피하도록 함
④ 행복을 확인하도록 함
⑤ 여러 경험을 비교하게 함

적용하기

6. 글에서와 같은 훈화를 들을 때 바른 태도라 할 수 <u>없는</u> 것은 무엇입니까?

① 훈화의 내용을 파악하며 주의 깊게 듣는다.
② 듣는 목적과 자신의 경험을 떠올리며 듣는다.
③ 훈화에서 전하려는 교훈이 무엇인지 새기며 듣는다.
④ 중요한 내용과 그렇지 않은 내용을 모두 적으면서 듣는다.
⑤ 훈화의 내용을 들으면서 자신의 생각과 느낌을 떠올리며 듣는다.

요약하기

7. 훈화 '행복한 사람'을 들으면서 정리한 내용을 아래의 표로 만들었습니다. 빈 칸에 알맞은 말을 쓰세요.

제목	행복한 사람
①□□	긍정적인 생각을 하자.
중요한내용	• 닉 부이치치는 팔다리가 없이 태어났지만 부모님의 사랑으로 삶을 포기하지 않았다. 배우고 강연도 한다. • 자신이 얼마나 ②□□□ 사람인지 느끼라는 것, 절대 쉽게 ③□□□ 말라는 것을 기억해야 한다.
자신의 생각이나 느낌	어릴 때 부모님이 꾸중을 하실 때마다 화를 내며, '나는 왜 꾸중만 듣는 멍청이일까?'라고 부끄러운 생각을 한 적이 있는데, 보다 ④□□□□ 생각을 해야겠다.

1~7번 문제의 점수를 더하여 총점을 쓰고 163쪽의 표에 막대그래프로 표시하세요.

점수

독해력 키움 | 32. 설득하는 글 읽기(7)

평가요소 1. ☐ 15점 2. ☐ 10점 3. ☐ 15점 4. ☐ 15점 5. ☐ 15점 6. ☐ 15점 7. ☐ 15점

167쪽 표의 해당하는 번호에 체크하세요.

    습관은 무심코 같은 행동을 반복하는 것을 말해요. 습관은 처음 길들일 때는 거미줄처럼 약하지만, 그것이 반복되면 쇠사슬처럼 강해져요. 그래서 습관을 길들일 때는 조심해야 합니다. "세 살 적 버릇이 여든까지 간다."라는 속담이 있어요. 어릴 때 생긴 버릇은 나이가 들어서도 고치기 어렵다는 뜻이에요.

    생텍쥐페리의 유명한 소설 「어린 왕자」에 '바오바브나무' 이야기가 나와요. 어린 왕자는 매일 아침 일어나 몸단장을 하고 장미를 돌본 다음 바오바브나무의 새싹을 뽑는 일을 했어요. 별의 땅속에는 온통 바오바브나무의 씨앗이 있었거든요. 싹이 자랄 때 괜찮겠거니 내버려 두었다가는 큰일이 날 수 있기 때문이었어요.

    어느 별의 한 게으름뱅이는 바오바브나무를 새싹일 때 뽑지 않고 날마다 "내일 뽑아야지." 하면서 내버려 두었어요. 어느 날, 게으름뱅이가 정신을 차렸을 때는 바오바브나무가 너무 커 버려 도저히 뽑을 수가 없었어요. 별의 반대편까지 뿌리를 뻗쳐 별에 구멍을 내고 만 거예요. 자라기 전에 진작 뿌리를 뽑아냈어야 했는데……. 그런데도 게으름뱅이는 날마다 미루기만 했지요.

    시간이 있을 때 차근차근히 할 수 있는데도 미루다 보면 어느새 마쳐야 할 시각이 닥쳐요. 그제야 허겁지겁 일을 하게 되지요. 오늘부터 "나중에! 나중에!"라는 말 대신 "지금! 지금!"이라는 말을 사용해 보세요.

    또 '놀기만 하는 것', '늦게 일어나는 것', '남에게만 의지하는 것', '늘 얼굴을 찌푸리는 것' 등도 나쁜 습관이에요.

    그렇다면 좋은 습관은 어떤 게 있을까요? '물건을 절약하는 것', '약속을 잘 지키는 것', '일찍 일어나는 것' 같은 거예요.

    ㉠<u>평소에 꾸준히 운동하고 몸에 좋은 음식을 골고루 먹는 것도 좋은 습관이에요. 병에 걸리는 것을 예방할 수 있으니까요.</u> 병이 든 후에 치료하려면 시간도 돈도 많이 들어요.

    우리는 좋은 습관과 나쁜 습관을 구별해야 해요. 그래서 유익하고 바람직한 습관은 자꾸 기르고 나쁜 습관은 버려야 해요. 어릴 적 몸에 밴 좋은 습관은 여러분의 삶에 귀중한 재산이 될 것입니다.

주제찾기 1. 글의 주제를 간추려 아래의 빈칸을 채우세요.

① ☐☐ 습관은 자꾸 기르고 ② ☐☐ 습관은 버려야 한다.

글감찾기 2. 글의 중심 낱말을 찾아 쓰세요.

사실이해 3. 글에 나타나지 <u>않은</u> 내용을 무엇입니까?

① 습관의 뜻
② 습관을 비유한 말
③ 습관과 관련된 속담
④ 습관이 나빠서 별에서 생긴 일
⑤ 습관이 나쁜 사람들이 사는 나라

미루어알기 4. 글쓴이가 주장을 뒷받침하기 위해 글에 끌어들인 것은 무엇입니까?

① 미루는 습관 때문에 생긴 일
② 처음 길들일 때 습관의 특징
③ 반복되면서 고칠 수 없게 된 습관
④ 나이가 들어서 습관을 고칠 수 없는 사람
⑤ 운동을 해서 음식 조절에 성공한 사람의 예

세부내용

5. ㉠의 두 문장은 어떤 관계로 맺어져 있나요?

① 주장+이유
② 이유+주장
③ 문제+풀이
④ 풀이+문제
⑤ 원인+결과

적용하기

6. 글을 읽고 올바른 행동으로 변화를 한 것을 고르세요.

① 놀 때는 신나고 재미있게 논다.
② 좋은 음식은 남김없이 먹는다.
③ 오늘 할 일은 내일로 미루지 않는다.
④ 남을 돕는 일에 열심히 노력하여야겠다.
⑤ 어려운 공부는 한꺼번에 모아서 해결한다.

요약하기

7. '좋은 습관', '나쁜 습관'을 표로 정리했습니다. 빈칸에 알맞은 말을 쓰세요.

좋은 습관	나쁜 습관
• 물건을 ①□□하는 것 • ②□□을 잘 지키는 것 • 일찍 일어나는 것 • 꾸준히 ③□□하기 • 몸에 좋은 음식을 골고루 먹기	• 놀기만 하는 것 • 늦게 일어나는 것 • 남에게만 ④□□하는 것 • 늘 얼굴을 찌푸리는 것

점수

1~7번 문제의 점수를 더하여 총점을 쓰고 163쪽의 표에 막대그래프로 표시하세요.

독해력 키움 | 33. 설득하는 글 읽기(8)

| 평가요소 | 1. ☐ 15점 | 2. ☐ 20점 | 3. ☐ 15점 | 4. ☐ 15점 | 5. ☐ 15점 | 7. ☐ 20점 |

167쪽 표의 해당하는 번호에 체크하세요.

기자: 안녕하십니까? 여기는 '예쁜 새 선발 대회'가 열리고 있는 현장입니다. 지금 이곳에는 자신이 가장 예쁘다고 주장하는 여러 새가 자기 자랑을 하느라고 분주합니다. 그럼 몇몇 분들에게 질문해 보겠습니다. 먼저, 잔뜩 머리 꼭대기의 깃털에 힘을 주고 있는 후투티 군에게 질문해 보겠습니다. 이번 대회에서 누가 일등을 할 것 같습니까?

후투티: 그거야 당연히 저 아니겠어요? 갈색의 깃털 위에 검은색과 흰색의 줄무늬가 있는 제 날개와 꽁지를 좀 보세요. 정말 세련되지 않았나요? 또, 머리 꼭대기의 깃털은 크고 길어서 자유롭게 눕혔다 세웠다 할 수 있는데, 여기에도 검은색과 흰색 줄무늬가 있답니다. 그리고 이 날렵하고 긴 부리! 제가 봐도 무척 멋있어요!

금강앵무: 어머! 그런 화려하지도 않은 깃털로 예쁜 새로 뽑히겠다고요? 나처럼 다양한 빛깔의 깃털이 어우러져야 더 돋보이는 것 아니겠어요! 호호호.

기자: 그럼 금강앵무 양은 자신의 매력을 무엇이라고 생각하십니까?

금강앵무: 그거야 당연히 오색 빛깔의 아름다운 깃털이지요. 깃털 대부분은 화려한 붉은색이고, 날개는 선명한 파란색과 노란색, 초록색 깃털로 되어 있어요. 그리고 머리 부분과 눈 주변, 부리는 흰색으로 되어 있어 정말 다양한 색을 뽐내고 있답니다. 적어도 이렇게 여러 가지 색의 깃털이 있어야 '예쁜 새 선발 대회'에서 일 등으로 뽑힐 수 있는 것이라고요!

꾀꼬리: 치, 그렇게 여러 가지 색을 섞어 놓으면 오히려 어지럽잖아요. 황금색에 가까운 화려한 노란 깃털에 검은색으로 강조해 주어야 멀리서도 한눈에 들어올 수 있지 않겠어요?

기자: 우아, 꾀꼬리 씨는 정말 선명한 노란색 깃털을 가지고 계시는군요!

꾀꼬리: '예쁜 새 선발 대회'에 나왔는데, 이 정도는 기본 아니겠어요? 최고로 빛나는 모습을 뽐내기 위해서는 이렇게 황금빛이 도는 노란색 깃털을 가지고 있어야지요! 그리고 더욱더 눈에 띄기 위하여 눈 주변과 날개 끝, 꽁지 끝 등에 검은색 깃털이 있답니다. 아마 멀리서도 제가 가장 눈에 띌 거예요. 일 등은 바로 내 것이에요!

공작: 말도 안 돼요. '화려함' 하면 나, 공작 아니겠어요?

기자: 공작 씨는 자신만의 아름다움이 무엇이라고 생각하시나요?

공작: 먼저, 한눈에 잘 들어오는 선명한 파란색의 목덜미를 보세요. 정말 예쁘지 않나요? 그리고 저처럼 크고 화려한 깃털을 가진 새가 있을까요? 저는 동그랗고 특이한 무늬가 있는 여러 깃털을 한 번에 부채 모양으로 멋지게 펼칠 수가 있답니다. 그 어떤 새도 저와 같은 깃털을 가지고 있지 못할 거예요. 이 정도면 예쁜 새로 뽑히는 데 부족함이 없는 것 아닌가요?

기자: 자, 이렇게 모든 새가 자신의 모습을 뽐내고 있습니다. 그럼 정말 어느 새가 예쁜 새로 선발될지 결과를 기다려 보겠습니다.

주제찾기 1. 새들이 자랑을 할 때 저마다 예쁘다고 내세운 것은 무엇입니까?

① 깃털
② 부리
③ 색깔
④ 무늬
⑤ 꽁지

제목찾기 2. 글을 쓰는 데 기자가 글감으로 삼은 것이 무엇인지 쓰세요.

사실이해 3. 주장하지 않고 듣기만 한 인물은 누구입니까?

① 기자
② 후투티
③ 금강앵무
④ 꾀꼬리
⑤ 공작

미루어알기

4. 이런 이야기를 들을 때, 쉽게 이해할 수 있는 방법이 <u>아닌</u> 것은 무엇입니까?

① 듣는 목적을 떠올려보기
② 듣는 장소를 미리 찾아보기
③ 중요한 내용을 적으며 듣기
④ 적는 방법을 미리 생각해두기
⑤ 아는 내용, 겪은 일 떠올리기

세부내용

5. 새들의 주장에서 설득하는 힘이 약해 보이는 이유는 무엇일까요?

① 주장이 분명하지 않기 때문에
② 남을 무시하는 말을 했기 때문에
③ 정해진 주제를 벗어나서 주장했기 때문에
④ 질문에 따라가며 주제를 잃어버렸기 때문에
⑤ 남이 인정할 수 있는 까닭을 들지 못했기 때문에

요약하기

7. '예쁜 새 선발 대회'에 나오는 새와 그 생김새를 서로 선으로 연결해 보세요.

새		생김새
후투티	● ●	여러 가지 색의 깃털이 있음.
금강앵무	● ●	• 갈색의 깃털 위에 검은색과 흰색의 줄무늬가 있는 날개 • 머리 꼭대기의 깃털
꾀꼬리	● ●	• 선명한 파란색의 목덜미 • 깃털을 한 번에 부채 모양으로 펼칠 수 있음.
공작	● ●	• 황금색에 가까운 노란 깃털에 검은색 깃털로 강조되어 멀리서도 눈에 띔.

점 수

모든 문제의 점수를 더하여 총점을 쓰고 163쪽의 표에 막대그래프로 표시하세요.

34. 설득하는 글 읽기(9)

평가요소 | 1. ☐ 15점 | 2. ☐ 10점 | 3. ☐ 15점 | 4. ☐ 15점 | 5. ☐ 15점 | 6. ☐ 15점 | 7. ☐ 15점

167쪽 표의 해당하는 번호에 체크하세요.

　나무나 돌을 깎아 만든 장승을 본 적이 있니? 우리나라의 옛날 사람들은 마을 어귀나 길가에 장승을 세워 놓았단다. 그래서 길을 가다가 장승을 흔히 볼 수 있었어.

　옛날 사람들은 왜 장승을 세워 놓았을까? 먼저, 사람들은 장승이 자기네 마을을 지켜주는 구실을 한다고 생각하였어. 나쁜 병이나 기운이 마을로 들어오는 것을 장승이 막아 준다고 믿었지. 그리고 장승은 나그네에게 길을 알려 주는 역할도 하였단다. 키가 큰 장승은 멀리서도 잘 보였어. 나그네는 길목에 있는 장승을 보고 가까운 곳에 마을이 있다고 생각을 하였지. 또, 장승은 마을과 마을 사이의 경계를 표시하는 역할도 하였단다. 장승이 서 있는 자리를 보면 한 마을의 시작과 끝을 알 수 있었지.

　장승은 모습도 아주 다양하단다. 장승은 사람의 얼굴 형태를 나무에 그리거나 돌에 조각하였는데, 도깨비처럼 무섭게 만들거나 할아버지처럼 친근한 모습으로 만들기도 하였어. 또 재미있고 우스꽝스러운 장난꾸러기 같은 모습으로도 만들었지. 하지만 생긴 모습이 어떠하든 옛날 사람들에게 장승은 어려움을 함께 나누는 동무와 같았어. 장승은 보통 남녀로 쌍을 이루는데, 하나에는 '천하대장군', 다른 하나에는 '지하여장군'이라는 글을 새겨두었어.

　전라남북도·경상남도 해안에서는 장승·장성·벅수·벅시·법수·법시·당산할아버지, 충청남북도에서는 장승·장신·수살막이·수살이·수살목, 경기도에서는 장승, 평안도와 함경도에서는 당승·돌미륵, 제주도에서는 돌하루방·우석목(偶石木)·옹중석(翁仲石)·거오기·거액 등의 이름으로, 지역과 문화에 따라 다르게 이어지고 있어. 또한 전국의 장승유적 가운데 이름을 장승·장성·장신으로 부르는 곳이 가장 많고, 그 다음이 벅수·벅시 등이야.

　장승은 속담이나 수수께끼·이야기·땅이름 등에서도 나타나고 있어. 장승에 관한 속담으로는 키가 멋없이 큰 사람을 '구척 장승 같다.', 멍청하게 서 있는 사람을 '벅수같이 멍하니 서 있다.'든지, 터무니없는 소리를 할 때 '장승 입에다 밀가루 발라 놓고 국수값 내라고 한다.'든지, '장승 얼굴에다 분가루 발라놓고 분값 내라고 한다.' 등이 있지.

　장승은 우리에게 고마운 친구야. ㉠<u>사람들 마음도 든든하게 하고 길잡이 역할도 하기 때문이지.</u> 만일 길을 가다가 장승을 만나면 친구인 듯 반갑게 인사하여 보면 어떨까?

주제찾기 1. 글쓴이가 주장하고 있는 내용을 담고 있는 문장을 이글에서 찾아쓰세요.

글감찾기 2. 무엇을 글의 재료로 쓴 글인지 한 낱말로 답하세요.

사실이해 3. 글에 나오지 <u>않은</u> 내용은 어느 것입니까?

① 마을 어귀나 길가에 장승이 서 있었다.
② 도깨비처럼 무섭게 만든 장승도 있었다.
③ 장승이 서 있는 자리는 마을의 시작이었다.
④ 장승과 관련된 속담은 수수께끼로 되어 있다.
⑤ 지역에 따라 장승을 여러 가지 이름으로 불렀다.

미루어알기 4. 글을 읽고 떠올린 생각으로 알맞은 것은 어느 것입니까?

① 장승이 때로 나쁜 병을 몰아온 것 같아.
② 키 큰 장승을 보고도 마을을 못 찾았을 것 같아.
③ 우스꽝스러운 장승은 누군가를 놀리기 위해 만든 것 같아.
④ 제주도의 돌하루방도 따지고 보면 장승의 한 종류인 것 같아.
⑤ '구척 장승 같다.'는 듣기에 그다지 탐탁하거나 달갑지 않을 것 같아.

세부내용 5. ㉠은 그 앞에 있는 문장에 대해 어떤 구실을 하고 있습니까?

① 까닭을 말해 준다.
② 뜻을 쉽게 풀어 준다.
③ 반복해서 뜻을 강조한다.
④ 일을 해결하는 방법을 알려 준다.
⑤ 알고 있는 일을 실천하라고 재촉한다.

적용하기 6. 이 글을 쓴 사람은, 읽는 사람이 다음에 장승을 보게 되면 어떤 반응을 보이길 원할까요?

① 장승의 역할을 알게 되길
② 장승을 반갑고 친근하게 맞이하길
③ 지역에 따라 장승의 이름을 알게 되길
④ 장승의 모습에 따라 이름을 알게 되길
⑤ 장승이 마을을 지키도록 기도하게 되길

요약하기 7. '장승'에 관한 위 글의 내용을 아래의 표로 간추렸습니다. 빈칸을 채우면서 정리하세요.

세운 이유	• 마을을 지켜 준다고 믿어서 • ① □□□에게 길을 알려 줄 수 있어서 • 마을과 마을 사이의 ② □□ 표시
모습	• 도깨비처럼 무서운 모습도 있고, 할아버지처럼 ③ □□□ 모습도 있음. • 우스꽝스러운 장난꾸러기 모습
지역별 이름	전국의 각 지역에 따라 여러 이름으로 불렀음.
반영된 문화	④ □□. 수수께끼, 이야기, 땅이름 등에 보임.

점수

1~7번 문제의 점수를 더하여 총점을 쓰고 163쪽의 표에 막대그래프로 표시하세요.

독해력 키움 | 35. 이야기 글 읽기(1)

평가요소 | 1. ☐ 15점 | 2. ☐ 15점 | 3. ☐ 10점 | 4. ☐ 15점 | 5. ☐ 15점 | 6. ☐ 15점 | 7. ☐ 15점

168쪽 표의 해당하는 번호에 체크하세요.

옛날에 아주 부지런하고 지혜로운 농부가 살고 있었어. 하루는 밭을 일구고 있었지. 땀을 뻘뻘 흘리면서 괭이로 돌을 골라냈어. 그런데 옆 동굴에 사는 심술쟁이 도깨비가 심술을 부렸지.

"에잇, 시끄러워 못 살겠네. 이 도깨비 어르신의 단잠을 방해하는 녀석을 반드시 혼내 주고 말 테야."

이런 도깨비의 마음을 모르는 농부는 열심히 괭이질만 하였지.

"여차, 여차."

해가 뉘엿뉘엿 넘어가자 농부는 일을 마치고 집으로 돌아갔지. 도깨비는 슬그머니 농부의 뒤를 따라갔어.

집에 들어서는 농부를 그의 아내는 반갑게 맞아 주었어.

"여보, 일하느라 고생이 많았어요. 어서 들어와서 쉬세요."

농부를 반갑게 맞이하는 아내를 본 도깨비는 더욱 심술이 났지.

㉠"난 말이야, 사람들이 재미있고 행복하게 사는 걸 보면 화가 나. 두고 봐라! 혼을 내주고 말 테야."

이튿날, 밭에 갔던 농부는 깜짝 놀랐지. 어제 하루 종일 힘들게 골라낸 돌들이 다시 밭으로 들어와 있는 것이 아니겠어?

'이건 틀림없이 심술궂은 도깨비의 짓이로구나. 그렇다면……'

"누군지 모르지만 이렇게 돌을 많이 가져다 놓았으니 참 고맙기도 하지. 만약 쇠똥이나 거름을 가져다 놓았더라면 큰일 날 뻔했지 뭐야?"

농사일을 모르는 도깨비가 가만히 들어보니 자기가 실수한 것 같았지. 그래서 농부가 돌아가자마자 돌을 치우고 쇠똥이랑 거름을 밭으로 날랐지. 밭은 금방 쇠똥과 거름 투성이가 되었지.

이튿날 밭을 본 농부는 ㉡(   ) 하였지만 속으로는 무척 좋았지.

'아, 이 정도이면 올해 농사는 풍년이 들겠는걸. 도깨비야, 네 심술이 나를 돕는구나!'

그러면서도 도깨비가 들으라고 눈물을 지으며 투덜거렸지.

"아이고, 도대체 내가 뭘 잘못했다고 누가 이렇게 날 괴롭히지?"

도깨비는 신이 나서 펄쩍펄쩍 뛰었지. 하지만 그해 가을, 풍년이 든 걸 보고서는 자기가 속은 줄 알았어.

'이놈의 농부! 네가 이기나 내가 이기나 두고 보자!'

이제 도깨비는 농부 뒤를 졸졸 따라다니면서 골탕 먹일 일만 생각하였지. 그런데 어느 날, 농부가 밤송이에 찔려 쩔쩔매는 걸 보았어.

'흥, 밤송이에는 꼼짝 못하는구먼.'

그러고서는 밤새 농부네 집 마당 가득히 밤송이를 깔아 두었지.

아침 일찍 세수하러 나온 농부는 이걸 보고 또 엉뚱한 소리를 하였어.

(가) "세상에, 누가 또 이렇게 고마운 일을 해 놓았을까? 올겨울에는 땔감 걱정 안 해도 되겠네. 난 참 복도 많아. 밤송이 말고 알밤을 깔아 놓았더라면 큰일 날 뻔했는데 말이야!"

주제찾기 1. 글의 주제를 적은 다음 글의 □에 알맞은 말을 넣어 완성하세요.

① □□□□으로 도깨비의 ② □□을 자신의 이익으로 돌려놓은 농부

제목찾기 2. 글에 알맞은 제목을 붙이기 위해 빈칸을 채우세요.

□□□를 골탕 먹인 □□

관련 교과 **국어**

사실이해 3. (가)를 실감나게 읽을 때, 표정과 목소리로 알맞은 것은 무엇입니까?

① 기쁜 표정과 밝은 목소리로
② 성난 표정과 어두운 목소리로
③ 슬픈 표정과 울먹이는 목소리로
④ 찡그리는 표정과 울먹이는 목소리로
⑤ 겁에 질린 표정과 울부짖는 목소리로

미루어알기 4. ㉠에서 떠올릴 수 있는 인물의 성격으로 알맞은 것은 무엇입니까?

① 모나다　　　　　　　　② 모질다
③ 너그럽다　　　　　　　④ 심술궂다
⑤ 둥글둥글하다

세부내용 5. 이야기의 시간적 배경을 가리키는 낱말을 찾아 쓰세요.

적용하기 6. ㉡(　　　)에 들어갈 말로 알맞은 것은 무엇입니까?

① 신기한 척　　　　　　② 실망하는 척
③ 머뭇거리는 척　　　　④ 되돌아가는 척
⑤ 깜짝 놀라는 척

요약하기 7. 위의 이야기에 이어질 줄거리를 아래 표의 빈칸을 채워 완성하세요.

농부가 한 일 또는 말	도깨비가 한 일
밭에서 돌을 골라냄.	밭에 돌을 가져다 놓음.
쇠똥이나 거름을 가져다 놓았으면 큰일 날 뻔했다고 말함.	밭에 쇠똥과 거름을 날라 놓음.
밤송이에 찔려 쩔쩔맴.	집 마당에 밤송이를 깔아 놓음.
알밤을 깔아 놓았으면 큰일 날 뻔했다고 함.	□□□□ □□□ □□ □□.

점수

1~7번 문제의 점수를 더하여 총점을 쓰고 164쪽의 표에 막대그래프로 표시하세요.

36. 이야기 글 읽기(2)

평가요소 1. ☐ 15점 | 2. ☐ 15점 | 3. ☐ 15점 | 4. ☐ 10점 | 5. ☐ 15점 | 6. ☐ 15점 | 7. ☐ 15점

168쪽 표의 해당하는 번호에 체크하세요.

아침마다 아빠는 이렇게 소리쳤어.
"빨리빨리, 시간 없어." / 엄마는 늘 이렇게 대답했지.
"서둘러요, 늦었다고요." / 결국, 엄마가 외갓집에 전화를 했어.
"저희가 요즘 너무너무 바빠요. 한 달만 우리 건이 좀 맡아 주세요."
㉠건이가 또 심술을 부렸어. 열 밤씩 세 번만 자고 온다던 엄마, 아빠가 오늘도 오지 않았거든. / 심술이 나는 거야 당연하지 안 그래?
하지만 이건 너무했어. 할머니도 이번에는 화내실걸. 게다가 할아버지한테 걸리면 정말 혼날 거야.
건이는 와락 겁이 나서 다락방에 숨었어. 그런데 이게 뭐야? 다락방에는 탈, 탈, 탈들이 있었어. 처음에는 무서웠지. 다락방이 어두웠거든. 게다가 탈이며 요강이며 온갖 잡동사니들이 힐끔힐끔 쳐다보는 것 같잖아. 꼭 귀신처럼 말이야. 하지만 좋은 생각이 났어.
"탈을 쓰면……. 그래! 아무도 모를 거야, 내가 누군지."
"눈이 네 개면 깜깜해도 잘 보일 거야."
건이가 네눈박이 탈을 쓰고 부리부리한 눈알을 뙤록뙤록 굴리자 힐끔거리던 귀신들이 "어이쿠!" 비명을 질렀어. 건이는 우쭐 신이 났어. 퉁방울눈으로 귀신들을 째려보기도 하고, 반달 눈썹을 찌푸리기도 하고, 대문짝만한 이를 뽐내며 으르렁거리기도 했어.
"모두 나만 보면 도망치네. 에이, 심심해."
그래서 이번에는 누구나 반기는 소 탈을 골랐어. 짚을 고아 만든 뿔은 우뚝, 짚신으로 만든 귀는 쫑긋, 짚신으로 만든 혀를 날름거리며 음매애.
"아무도 모를 거야, 내가 누군지."
그래서 이번에는 의젓한 양반탈을 골랐어. 활짝 웃는 실눈은 움푹, 둥그런 주먹코는 불쑥, 턱은 덜컥덜컥 제멋대로 움직였지.
"아무도 모를 거야, 내가 누군지." / "공자 왈, 맹자 왈"
건이는 왼쪽, 오른쪽 몸을 흔들며 어려운 책을 줄줄 읽었어.
"에이, 너무 점잔을 빼니까 재미없어."

그래서 이번에는 엄마처럼 예쁜 각시탈을 골랐어. 초승달 같은 눈썹에 두 눈은 초롱초롱, 앵두 같은 입술에 연지 찍고 곤지 찍고,

"정말 아무도 모를 거야, 내가 누군지." / 건이가 엄마처럼 차리고 예쁘게 춤을 추는데 멀리서 할머니가 건이를 부르는 소리가 들렸어.

"건이야, 우리 건이 어디 있니?"

건이는 이제 그만 다락방에서 나가고 싶었어. 하지만 그냥 나갈 수는 없잖아. 그래서 이렇게 생각했지. '한 번만 더 부르지. 그러면 나갈 텐데.'

그래서 이번에는 할미 탈을 쓰고 할머니 흉내를 내 보았어.

"이제부터 내가 할머니야. 건이야, 우리 건이 어디 있니? 할머니는 못 찾겠다. 빨리 나와라."

그러자 정말 건이를 부르는 소리가 또 들렸어. 건이가 바깥으로 나가려고 살금살금 기어서 다락문을 살짝 열고 바깥을 엿보는데,

"하, 하, 할머니! 어, 엄마, 아빠!"

그런데 말이야, ⓒ탈을 쓰면 정말 아무도 모를까, 내가 누군지?

주제찾기 1. '건이'가 어른이 되어 위의 이야기에 관해서 떠올리게 될 내용으로 알맞은 것은 무엇입니까?

① 엄마, 아빠는 내게 참 무관심했어.
② 할머니는 엄마, 아빠를 아주 미워했어.
③ 할아버지는 탈을 쓰고 노는 나를 꾸중하셨어.
④ 나는 탈을 쓰면 내가 누구인지 아무도 모를 줄 알았어.
⑤ 엄마, 아빠는 왜 내가 외가에서 탈을 쓰도록 했는지 모르겠어.

제목찾기 2. '건이'가 탈을 쓰고 어떤 놀이를 하고 있는지 쓰세요.

| | | 놀이 |

사실이해 3. ㉠의 이유로 알맞은 것은 무엇입니까?

① 엄마가 약속을 어겨서
② 아빠가 내게 화를 내서
③ 나의 성질이 비뚤어져서
④ 할머니가 귀찮아해서
⑤ 할아버지가 거절해서

미루어알기 4. 줄거리를 펼쳐 나가는 데 중심이 되는 인물은 누구입니까?

① 건이
② 엄마
③ 아빠
④ 할머니
⑤ 할아버지

세부내용 5. 일이 일어나고 있는 주된 장소는 어디입니까?

□□□의 □□□

적용하기 6. 다른 장소라면 ㉡에 대한 답으로 알맞은 것을 아래에서 고르세요.

틀림없이 안다.   전혀 모른다.   알 수도 있고 모를 수도 있다.

요약하기 7. 줄거리가 펼쳐져 간 과정을 '탈'의 종류에 따라 아래와 같이 정리했습니다. 빈칸을 채우세요.

'탈'의 종류	건이가 한 일
① □□□□ 탈	귀신을 째려보기도 하고, 눈썹을 찌푸리기도 함.
② □ 탈	네 발로 기어 다니며 '음매애'함
③ □□탈	몸을 흔들며 어려운 책을 읽음
④ □□ 탈	엄마처럼 차리고 예쁘게 춤을 춤
⑤ □□ 탈	할머니 흉내를 냄

점수

1~7번 문제의 점수를 더하여 총점을 쓰고 164쪽의 표에 막대그래프로 표시하세요.

독해력 키움 | 37. 이야기 글 읽기(3)

168쪽 표의 해당하는 번호에 체크하세요.

[앞의 줄거리] 비가 내리고 천둥까지 치는 날, 밤에 잠을 자다가 일어난 나경이는 일주일 전에 돌아가신 할머니에 대한 추억이 서려있는 노란 주전자를 어둠 속에서 발견했습니다. 할머니께서 살아계실 때, 몸통이 찌그러진 그 주전자를 '소원 주전자'라고 불렀던 기억을 되새겨보았습니다. '깜빡병[1]'이 든 할머니는 그 주전자에 어떤 아저씨가 소원 주전자라고 이름 붙여 준 것이라고 했습니다. 연세 들어서 그러려니 여기면서 나경이네 식구들은 모두 그 말을 믿는 척했습니다. 아저씨는 자신도 그 주전자를 누군가로부터 받은 것이며, 그 주전자가 딱 하나의 소원만 들어주니 소원을 이루었다고 생각되면 다른 사람에게 넘겨야 한다는 말도 덧붙였습니다. 할머니의 말씀이 하도 진지하고 여러 번 반복되었기에 나경이와 엄마는 짐짓 각자의 소원을 빌어보기로 했답니다. 나경이는 최신형 휴대폰을, 엄마는 아파트 대출금[2] 갚을 만큼의 돈을 얻었으면 하는 소원을 빌어보았습니다.

그때 엄마의 휴대폰이 요란하게 울립니다. 아빠입니다. 나경이는 얼른 전화를 받아 아빠에게 이야기를 다다다 합니다.

"아빠, 소원 빌어야 하는데 빨리 올 거지?" / "갑자기 무슨 소원?"

아빠는 나경이의 뜬금없는 말에 놀란 목소리입니다.

"할머니가 소원 주전자를 얻어왔거든. 근데 그게 딱 한 가지 소원만 말할 수 있다고 해서 엄마가 돈을 왕창 달라고 말할 거래. 그러니까 아빠 빨리 오라고."

"㉠이 할미 사탕 먹고 싶으니까 애비한테 올 때 사오라고 해."

할머니가 입맛을 다시면서 나경이한테 말합니다.

"아빠 들었지? 할머니가 사탕 드시고 싶대." / "알았어. 빨리 갈게."

나경이가 전화를 끊자 엄마는 벌써 소원 주전자를 끌어안고 있습니다.

"벌써 말하게?" / 나경이가 눈을 동그랗게 뜨고 묻습니다.

"왜? 아빠 올 때까지 기다리게? 그냥 하지 뭐. 아빠도 돈 생기면 좋아할 거야. 제발 우리에게 돈을 왕창 주세요."

엄마는 두 손을 모으고 소원을 말하기 시작합니다. 할머니도 나경이도 엄마의 말을 숨죽여 듣습니다. 노란 주전자에 돈이 그득그득 들어있을 거라는 생각에 나경이는 벌써부터 가슴이 벅차오릅니다. / 하나, 둘, 셋!

엄마가 떨리는 손으로 주전자 뚜껑을 엽니다. 그러고는 주전자 안을 들여다봅니다.

"뭐야, 사탕만 잔뜩 들어 있잖아." / "봐봐. 뭐야, 진짜잖아. 괜히 기대했네."

나경이가 한숨을 폭폭 내쉽니다.

"내가 그럴 줄 알았어. 고물 주전자 얼른 갖다 버려!"

괜히 불똥이 나경이에게 튑니다.

"갖다 버리긴, 내가 좋아하는 사탕이 잔뜩 들어있구만."

할머니는 소원 주전자를 뺏어 들고는 방으로 성큼성큼 들어갑니다.

쪼오~쪽. 할머니의 사탕 빠는 소리가 들리는 듯합니다. 그래서인지 나경이도 사탕이 먹고 싶어집니다. 혹시나, 하는 마음에 노란 주전자 뚜껑을 열어봅니다. 어? 그런데 주전자 안에 물이 들어 있습니다. 찰랑거리는 물을 보자 나경이는 불현듯 좋은 생각이 떠오릅니다. 주전자 안에 얼굴을 들이밀고 할머니를 부릅니다. 그랬더니 진짜 할머니가 옆에 있는 것처럼 마음이 편안해집니다. 다시 한 번 할머니를 부릅니다.

"할머니."

그때였습니다. 물에 비쳤던 나경이의 얼굴은 온데간데없이 사라지고 할머니의 얼굴이 보입니다. 나경이는 깜짝 놀라 눈을 몇 번이고 깜빡거립니다. 틀림없는 할머니입니다.

"할머니."

금세 나경이의 목소리가 젖어듭니다. 그런데도 할머니는 그저 웃기만 합니다. 할머니 옆에는 머리카락이 희끗한 할아버지도 있습니다. 나경이는 자신이 태어나기도 전에 돌아가셨다는 할아버지일지도 모른다는 생각이 듭니다. 할아버지 옆에 있는 할머니는 어느 때보다도 행복해 보입니다. 활짝 웃고 있는 할머니를 보니 나경이의 얼굴에도 잔잔한 미소가 걸립니다. / "나경아, 안 자니?"

갑자기 엄마의 목소리가 들립니다. 나경이는 엄마에게 주전자 얘기를 할까 하다가 그만 둡니다. 할머니가 돌아가셨을 때 서럽게 울던 엄마의 얼굴이 떠올랐기 때문입니다.

"이제 잘 거예요." / 나경이는 목소리를 큼큼, 가다듬고 대답합니다.

가슴이 설렙니다. 노란 주전자는 소원 주전자가 맞았습니다. 비 오는 날 무서움에 떨고 있는 나경이를 위해 할머니가 찾아온 것입니다. 나경이는 할머니를 만났다는 것만으로도 소원을 이룬 것처럼 기분이 좋습니다.

나경이는 노란 주전자를 옆에 놓은 채 잠이 듭니다.

시간이 얼마나 흘렀을까요. 쌔애쌔. 이제야 나경이가 꿈나라에 빠져 든 모양입니다.

그때였습니다. 순식간에 노란 주전자에서 하얀 빛줄기 하나가 휘리릭, 하고 사라집니다. / 마치 누군가 나경이가 잠들기를 기다린 것처럼 말입니다.

1 깜빡병: 원래는 잘 잊어버리는 건망증. 여기서는 지능, 의지, 기억 따위가 지속적·본질적으로 상실되는 병(치매)을 뜻함.   **2 대출금**: 은행과 같은 금융 기관에서 빌린 돈.

주제찾기 1. 글에 나온 이야기들 중, 가장 중요한 것은 무엇입니까?

① 나경이의 할머니가 밤에 돌아가셨다.
② 나경이에게 아저씨가 노란 주전자를 주었다.
③ 나경이와 엄마가 노란 주전자를 두고 소원을 빌었다.
④ 나경이가 노란 주전자에서 할머니의 모습을 다시 떠올렸다.
⑤ 나경이에게 할아버지와 할머니가 찾아오셔서 편하게 잠을 자게 했다.

글감찾기 2. 이야기를 펼칠 수 있도록 해준 물건을 글에서 찾아 쓰세요.

사실이해 3. 이야기를 전달해 주는 사람은 누구인가요?

① 엄마　　　② 아빠　　　③ 나경이
④ 할머니　　⑤ 작품 밖의 사람

미루어알기 4. ㉠을 말한 사람의 성격은 어떠하다고 할 수 있습니까?

① 숨김이 없이 솔직하다.　　② 아는 게 없어 어리석다.
③ 엇길로만 가서 미련하다.　④ 남의 마음을 헤아릴 줄 안다.
⑤ 남의 마음을 전혀 헤아리지 않는다.

세부내용 5. 이야기의 배경에 대한 설명으로 알맞은 것은 무엇입니까?

① 장소가 자주 변화한다.　　② 장소가 변화하지 않는다.
③ 시간이 빠르게 흘러간다.　④ 시간이 느리게 흘러간다.
⑤ 시간과 장소가 모두 변화하지 않는다.

요약하기 7. 줄거리를 간추린 아래 글의 빈칸에 알맞은 낱말을 쓰세요.

> 돌아가신 할머니께서 ① □□ □□□라고 불렀던 노란 주전자에서 ② □□□의 얼굴을 떠올린 나경이는 무서움을 떨쳐버리고 편하게 잘 수 있었다.

모든 문제의 점수를 더하여 총점을 쓰고 164쪽의 표에 막대그래프로 표시하세요.　　점 수

38. 이야기 글 읽기(4)

| 평가요소 | 1. ☐ 20점 | 2. ☐ 15점 | 3. ☐ 15점 | 4. ☐ 15점 | 5. ☐ 15점 | 7. ☐ 20점 |

168쪽 표의 해당하는 번호에 체크하세요.

[앞의 줄거리] 마트에서 엄마는 범수에게 높임말을 써 말하였고, 범수는 기분이 좋았습니다. 그런데 마트에서 만난 어떤 할머니께서는 엄마가 아들에게 높임말을 한다고 못마땅해하셨습니다. 주변의 다른 사람들도 범수와 엄마를 이상하게 쳐다보자 범수의 기분은 점점 엉망이 되어 갔습니다.

집에서 엄마가 만들어 준 매콤하고 달콤한 떡볶이를 먹는데도 범수는 별로 즐겁지 않았어요. 여느 때 같으면 누나도 못 먹게 하고 범수 혼자 독차지를 하고 먹는 떡볶이인데, 오늘은 왜 그런지 맛이 없는 것 같았어요.

"아드님, 별로 맛이 없으세요? 통 못 드시네요."

엄마가 걱정스러운 얼굴로 범수를 쳐다보았어요.

"그러게 말이에요, 손자님, 어서 많이 잡수세요."

할머니가 범수 앞으로 그릇을 밀어 놓았지만, 범수는 좋아하는 어묵도 깨작거릴 뿐이었어요. / "와, 떡볶이다. 엄마, 저도 많이 담아 주세요."

학교에서 돌아온 누나가 코를 벌름거리며 범수와 마주 앉았어요.

"은수야, 손부터 씻고 와야지. 많이 있으니까 얼른 손 씻고 와." / "네."

대답과 함께 누나는 화장실로 후다닥 달려갔어요.

범수는 엄마의 높임말을 받지 않는 누나가 갑자기 부러워졌어요.

"엄마, 왜 누나한테는 반말 써? 나한테도 반말 써라. 할머니도 그래라. 응?"

범수가 사정하는 눈빛을 보냈지만, 엄마는 웃으며 한마디로 거절하였어요.

"아드님은 누나랑 다르시잖아요. 누나는 엄마한테 높임말을 쓰지만, 아드님은 그렇지 않으시니까요." / 손을 씻고 온 누나가 무슨 일인가 싶어 떡볶이를 먹다 말고 범수와 엄마를 번갈아 보았어요. 그러고는 곧 눈치챘다는 듯 깔깔대고 웃었어요.

범수는 그런 누나가 얄미워 소리를 버럭 질렀어요. / "시끄러워! 뭐가 웃기다고 그래?"

범수의 반말에 누나가 째려보더니 빈정대며 말하였어요.

"동생님, 태권도 늦으시겠네요. 얼른 가기나 하세요." / "이게!"

범수가 누나에게 주먹을 쥐어 보이자, 누나는 혀를 쏙 내밀었어요.

"은수야, 우리 장손 범수님 체하시겠다. 약 올리지 마라."

할머니가 범수 편을 들어주었지만 범수는 하나도 기쁘지 않았어요.

시계를 보니 벌써 세 시가 가까워 오고 있었어요. 태권도장에 가려고 범수가 일어서

자, 엄마도 범수를 따라나섰어요.

"아드님, 저도 같이 가요. 오늘 사범님께 드릴 말씀도 있고, 학원비도 내야 해서요. 어머님, 저 잠깐 다녀오겠습니다." / "그래, 우리 손자님도 조심해서 다녀오세요."

태권도장에 가니까 벌써 아이들이 준비 운동으로 줄넘기를 하고 있었어요. 범수가 왔는데도 ㉠□□□ 맞아 주는 친구는 하나도 없었어요. 다른 아이들이 조금 늦게 오면 기다렸다는 둥 왜 이렇게 늦었느냐는 둥 온갖 참견을 하는데 말이지요.

하지만 아이들은 힐끔거리기만 할 뿐 범수에게는 말을 거는 것조차 꺼렸어요.

"사범님, 죄송해요. 우리 범수 아드님이 조금 늦으셨죠?"

엄마가 사범님에게 반갑게 인사를 하였지만, 사범님은 ㉡□□□□ 표정으로 엄마를 쳐다보았어요. / "네? 아, 뭐……, 네."

사범님은 처음 들어 본 엄마의 이상한 말투에 웃어야 할지 말아야 할지 몰라 머뭇거렸어요. / "우리 아드님의 학원비를 드려야 했는데, 조금 늦었어요. 죄송합니다."

엄마는 사범님에게 학원비를 건네고는 범수를 향하여 활짝 웃으며 말하였어요.

"아드님, 오늘도 운동 열심히 하세요. 저는 먼저 갈게요." / "몰라, 빨리 가!"

범수는 엄마가 창피해서 눈도 마주치지 않았어요. 다른 아이들이 킥킥대며 수군거리는 통에 범수는 얼굴이 빨개졌어요.

"최범수, 뭐야? 너희 엄마는 네 하녀냐?" / "그러게, '아드님, 아드님' 하는 거 너도 봤지?"

아이들이 놀리자 범수는 더는 참지 못하고 발끈 해 소리를 질렀어요.

"웃기지 마! 그런 거 아니야!" / "아니긴 뭐가 아니야? 그럼 왜 너한테 높임말을 쓰냐? 너는 엄마한테 그렇게 반말을 팍팍 하는데."

"하녀 아니야! 우리 엄마야!" / 소리치는 범수의 목이 갑자기 콱 메었어요.

주책없이 눈물도 막 쏟아졌어요.

엄마가 범수에게 높임말을 써 주면 범수는 왕자님이 되는 줄 알았는데, 엄마가 하녀가 되는 것이었어요. 범수가 엄마에게 말을 낮추면 범수가 높아지는 줄 알았는데 엄마가 낮아지는 것이었어요. 엄마가 하녀이면 범수는 왕자가 아니라 하녀의 아들이 되는 것이었어요.

"우리 엄마 하녀 아니야!" / 범수는 그대로 태권도장을 뛰쳐나오고 말았어요.

태권도장 앞에서 고개를 숙이고 과자 부스러기를 쪼던 비둘기들이 놀라서 하늘로 솟구쳤어요.

관련 교과 **국어**

주제찾기   **1.** 글을 읽고 얻을 수 있는 깨달음으로 알맞은 것은 무엇입니까?

① 누나에게 대들어서는 안 된다.   ② 가족 사이에 화목해야 한다.
③ 웃어른께 높임말을 해야 한다.   ④ 할머니께 효도를 해야 한다.
⑤ 엄마에게 귀엽게 굴어야 한다.

제목찾기   **2.** 글의 제목으로 알맞은 것은 무엇입니까?

① 반말 왕자님   ② 엄마의 높임말   ③ 은수와 범수
④ 하녀의 아들   ⑤ 태권도와 비둘기

사실이해   **3.** 등장인물에 관한 설명 중 <u>잘못된</u> 것은 무엇입니까?

① 어머니는 범수의 나쁜 말버릇을 고쳐 주려고 합니다.
② 범수는 웃어른께 반말을 하는 버릇이 있는 어린이입니다.
③ 할머니는 범수의 말버릇을 고치려 꾸중을 자주 하십니다.
④ 누나는 할머니와 엄마가 범수에게 높임말을 하는 까닭을 압니다.
⑤ 사범님은 엄마가 범수에게 높임말을 쓰는 것을 보고 어리둥절해합니다.

미루어알기   **4.** 이야기에 가장 자주 등장한 사람 둘은 누구와 누구입니까?

세부내용   **5.** ㉠과 ㉡에 알맞은 낱말을 아래에서 찾아 순서에 따라 쓰세요.

> 놀라게, 달갑잖은, 반갑게, 얼떨떨한, 우습게, 달갑게, 어수룩한, 사납게

요약하기   **7.** 글에 나타난 범수의 마음의 변화를 아래의 표로 정리해 보았습니다. 빈칸을 채워 완성하세요.

> 엄마가 자신에게 ①□□□을 하여서 기분이 좋아짐.
> ↓
> 마트에서 모르는 ②□□□에게 혼이 나서 기분이 상함.
> ↓
> 가족들이 모두 ③□□□을 사용해서 어색하고 기분이 나쁨.
> ↓
> 태권도장에서 친구들이 엄마를 ④□□라고 놀려서 화가 나고 속이 상함.

점수

모든 문제의 점수를 더하여 총점을 쓰고 164쪽의 표에 막대그래프로 표시하세요.

독해력 키움 | 39. 이야기 글 읽기(5)

평가요소 | 1. ☐ 20점 | 2. ☐ 15점 | 3. ☐ 15점 | 4. ☐ 15점 | 5. ☐ 15점 | 7. ☐ 20점

168쪽 표의 해당하는 번호에 체크하세요.

"힘껏 던져!"

친구들이 책가방을 향하여 얌체공을 던졌어요. 박 터뜨리기 연습을 하고 있는 거예요. 운동회가 코앞으로 다가왔지만 기찬이는 멀찍이 앉아 물끄러미 친구들을 쳐다보았어요. / '치, 하나도 재미없어!'

기찬이는 운동에 자신이 없었거든요. 심술이 나 돌멩이를 발로 뻥 차 버렸어요. 그런데 기찬이가 찬 돌멩이가 그만 책가방을 맞혀버렸어요.

"으악!" / 공책과 연필이 친구들의 머리 위로 우수수 쏟아졌어요.

"나기찬, 방해하지 말고 집에나 가!" / 머리에 혹이 난 친구들이 화가 나서 한마디씩 거들었어요. 기찬이는 사과하려고 하였지만 할 말이 생각나지 않았어요.

"난 운동회가 정말 싫어!"

기찬이는 교문 밖으로 후다닥 달려나갔어요. 그때 이호가 소리쳤어요.

"저것 봐, 달리기도 엄청 느려!" / 친구들이 손뼉을 치며 깔깔 웃었어요.

이튿날, 운동회에 나갈 선수를 뽑기로 하였어요. 모두 들뜬 마음으로 선생님의 말씀에 귀 기울였어요. / "제비뽑기로 선수를 뽑자. 누구나 한 경기씩 나갈 수 있도록 말이야."

"말도 안 돼, 가장 잘하는 사람이 나가야 하는 것 아닌가요?"

아이들은 투덜거리며 제비를 뽑았어요. 기찬이의 제비뽑기 순서가 다가왔어요. 기찬이는 이어달리기가 쓰인 쪽지를 뽑았어요. 울상이 된 기찬이를 보고 친구들이 몰려들었어요. / "안 봐도 질 게 뻔해!" "어떡해! '이어달리기'가 가장 점수가 높은데!"

그때 이호가 쪽지를 까딱까딱 흔들며 말하였어요. 이호가 뽑은 쪽지도 '이어달리기'였어요. / "얘들아, 이 형님만 믿어!"

운동회 날 아침, 친구들은 머리에 힘껏 청군 띠를 묶었어요. 그런데 어제부터 신나게 뛰어다니던 이호의 표정이 이상하였어요. 다리를 배배 꼬며 안절부절못하였어요.

'아, 어제 떡을 너무 많이 먹었나 봐…….' / "탕!"

출발 신호가 떨어졌어요. 백군 친구들은 쌩쌩 잘도 달렸어요. 기찬이네 반 친구들은 걱정이 앞섰어요. 청군은 이미 반 바퀴나 뒤처지고 있었어요.

"진 거나 마찬가지야! 다음엔 거북이 나기찬인걸!"

아무도 기찬이를 응원하지 않고 딴전을 부렸어요. 기찬이는 이를 악물고 뛰었어요. 하지만 점점 뒤처지기만 할 뿐이었어요. 이미 백군의 마지막 선수가 달리고 있었어요. 하지만 기찬이는 반 바퀴도 채 뛰지 못하고 있었어요. 빨리! / "더 빨리!"

다음 선수인 이호는 손을 뒤로 뻗어 기찬이를 재촉하였어요. / "꾸르르륵……."

그때 이호의 배 속에서 천둥처럼 큰 소리가 났어요. 이호는 갑자기 가로질러 뛰쳐나갔어요. 더 이상 참을 수가 없었던 거예요!

백군의 마지막 선수와 청군의 세 번째 선수 기찬이가 같은 자리를 뛰고 있었어요. 이호가 화장실에 가 버리는 바람에 기찬이의 다음에는 아무도 없었어요. 그런데 누군가 기찬이를 가리키며 소리쳤어요. / "어? 나기찬이 이기고 있어!"

백군의 마지막 선수와 같이 달리고 있는 기찬이를 보고 친구들이 착각을 한 거예요. "뛰어라, 나기찬!" / "달려라, 나기찬!"

기찬이는 어리둥절하였어요. 친구들이 목청껏 자신의 이름을 부르고 있었으니까요. 기찬이는 눈을 질끈 감고 발바닥에 불이 나도록 내달렸어요. 기찬이가 마지막 백군 선수보다 한 발 앞서 나갔어요.

"기적이야! 우리가 이겼어!" / 기찬이네 반 친구들이 신이 나서 외쳤어요.

"나기찬!" / "나기찬!" / "저기! 나기찬 좀 봐."

그런데 기찬이가 한 바퀴를 더 도는 게 아니겠어요? 그때 이호가 휴지를 들고 헐레벌떡 뛰어왔어요. 친구들은 그제야 이마를 탁 쳤어요.

"뭐야, 이긴 게 아니야?" / "그것도 한 바퀴나 차이 나게 진 거야?"

이호는 머리를 긁적이며 멋쩍게 웃었어요.

"어디 갔다 왔어!" / 기찬이는 이호에게 배턴을 넘겨주었어요.

"너만 믿다가 졌잖아." / 기찬이는 괜히 웃음이 나왔어요. 친구들도 웃음이 나오는 것을 참을 수 없었어요. 모두 기찬이를 둘러싸고 웃으며 운동장을 달렸어요.

주제찾기 **1.** 이야기가 전하려는 것을 간추렸습니다. 빈칸에 알맞은 낱말을 쓰세요.

> 이 이야기는 경기에서 이겨서 일등을 하는 것보다 □□을 다하는 태도가 아름답다는 사실을 깨닫게 합니다.

관련 교과 국어

글감찾기 2. 이야기의 글감을 3자로 써 보세요.

사실이해 3. 사건이 예상하지 못했던 엉뚱한 쪽으로 흘러가 버린 것은 무엇 때문입니까?

① 제비뽑기에서 이호가 이어달리기를 뽑았기 때문이다.
② 기찬이가 찬 돌멩이가 책가방을 맞혀 버렸기 때문이다.
③ 제비뽑기에서 기찬이가 이어달리기를 뽑았기 때문이다.
④ 이어달리기에서 백군 친구들이 반 바퀴 앞섰기 때문이다.
⑤ 이어달리기를 하는 중간에 갑자기 이호가 사라졌기 때문이다.

미루어알기 4. 이야기의 주인공은 어떤 인물입니까?

① 운동에 관심이 없다.   ② 신경질을 자주 부린다.
③ 선생님께 불만이 많다.   ④ 친구들에게 잘난 체한다.
⑤ 동작이 느리고 끈기가 없다.

세부내용 5. 이 이야기를 전달하는 사람에 관한 설명 중 가장 알맞은 것은 무엇입니까?

① 인물의 성격을 잘 모른다.   ② 사건을 잘 이해하지 못한다.
③ 인물이 새로 등장할지 잘 안다.   ④ 장소가 어떻게 바뀔지 모른다.
⑤ 인물과 사건에 대해 두루 잘 안다.

요약하기 7. 이야기의 주요 내용을 아래의 표로 정리했습니다. 빈칸에 알맞은 말을 쓰세요.

원인	결과
기찬이는 제비뽑기에서 ①□□□□□가 쓰인 쪽지를 뽑았습니다.	달리기를 못해서 걱정이 되었습니다.
이호는 제비뽑기에서 ②□□□□□가 쓰인 쪽지를 뽑았습니다.	자기만 믿으라면서 잘난 척을 하였습니다.
이어달리기 중간에 ③□□가 사라졌습니다.	이호 대신에 한 바퀴를 더 돌았습니다.
친구들이 ④□□□의 이름을 부르며 응원하였습니다.	어리둥절하였지만 열심히 달렸습니다.

점수

모든 문제의 점수를 더하여 총점을 쓰고 164쪽의 표에 막대그래프로 표시하세요.

독해력 키움 | 40. 이야기 글 읽기(6)

| 평가요소 | 1. ☐ 20점 | 2. ☐ 15점 | 3. ☐ 15점 | 4. ☐ 15점 | 5. ☐ 15점 | 7. ☐ 20점 |

168쪽 표의 해당하는 번호에 체크하세요.

[앞의 줄거리] 플랜더스라는 마을의 끝에 있는 집에 할아버지와 손자인 네로가 단둘이 살고 있었습니다. 네로는 우유를 배달하는 할아버지를 도울 개가 한 마리 있으면 좋겠다고 생각하였습니다. 네로와 할아버지는 숲으로 가는 길에 쓰러져 있는 개를 보고 집으로 데려와 정성껏 보살폈습니다.

(가) ㉠이윽고 개가 슬며시 눈을 떴습니다. / "할아버지, 개가 눈을 떴어요!"
  네로가 저도 모르게 소리쳤습니다. 개는 기쁨에 들떠 소리를 지르는 네로를 물끄러미 바라보더니, 이번에는 할아버지 쪽으로 고개를 돌렸습니다. / 할아버지가 다가와서 개의 등을 두어 번 쓸어주며 말했습니다.
  "이제 정신이 드나 보구나. 뭘 좀 더 먹여야겠다."
  할아버지는 절룩절룩 다리를 절며 부엌으로 갔습니다. 그리고 음식을 모아 죽을 끓였습니다. 네로가 죽 그릇을 개에게 당겨 주었습니다. 개는 두 눈으로 할아버지와 네로의 눈치를 살폈지만, 조심스럽게 할짝할짝 죽을 먹기 시작했습니다.
  "온몸이 상처투성이인 걸 보니, 전 주인에게 맞고 기절했던 게 틀림없어. 모르긴 몰라도 개가 정신을 잃자 내다 버린 거야." / 할아버지의 짐작대로였습니다.

(나) 이 개의 주인은 철물 장수였습니다. 커다란 수레 가득 쇠로 만든 무거운 물건을 싣고, 이 마을 저 마을로 돌아다니면서 물건을 파는 사람이었습니다. 그 무거운 수레를 이 개 혼자서 끌었습니다.
  철물 장수는 인정머리라고는 눈곱만큼도 없는 사람이었습니다. 개 혼자서 수레를 끌고 언덕길을 끙끙대며 올라가도, 뒤에서 밀어 준 적이 한 번도 없었습니다.
  이 개는 아주 튼튼한 개였습니다. 그러나 고약한 철물 장수와 함께 다니게 되면서부터는 제아무리 힘센 개라도 배겨 낼 수가 없었습니다. 마침내 개는 정신을 잃고 쓰러졌습니다. 철물 장수는 개가 꾀병을 부린다며 심하게 때렸습니다. 개가 일어나지 않자, 철물 장수는 개를 숲 속에 버렸던 것입니다.

(다) "주인이 버린 개라면 우리가 키워요."
  네로는 간절한 눈빛으로 할아버지를 쳐다보며 말했습니다.
  "그러자꾸나, 먹을 음식은 넉넉지 않지만, 우리가 잘 길러 주면 녀석도 좋아할 거야."
  네로는 개의 목을 끌어안고 볼을 비볐습니다.
  "개의 이름을 뭐라고 하지요?" / "이름? 글쎄다. 파트라셰라고 불러 봐라. 예전의 주인이 특별한 이름을 짓지 않았다면 그게 좋을 것 같구나." / 네로가 개의 두 눈을 바라보며 불렀습니다. / "파트라셰!"

개는 꼬리를 살랑살랑 흔들며 앞발을 들어 네로의 손 위에 얹었습니다. 이렇게 해서 파트라셰는 네로네 집의 식구가 되었습니다. 며칠 동안 할아버지와 네로의 정성스런 간호를 받자, 파트라셰는 완전히 기운을 차렸습니다.

(라) 파트라셰는 영리한 개였습니다. 네로와 할아버지가 자기를 사랑해 준다는 것을 잘 알고 있었습니다. 그래서 나이 든 노인과 어린 손자를 위해서 무엇이든 하고 싶었습니다.

할아버지는 아침 일찍 일어나 아침을 먹고, 우유 수레를 끌고 마을로 나갔습니다. 그리고 마을을 돌아다니며 무거운 우유 통을 수레에 실었습니다. 우유 통들이 다 모아지면 마을까지 수레를 끌고 갔습니다. 그곳에서 우유를 사는 사람에게 우유를 팔고, 빈 통을 수레에 싣고 다시 마을로 돌아왔습니다.

파트라셰는 할아버지가 하는 일을 잘 알게 되었습니다. 처음에는 할아버지 수레를 보고 가슴이 철렁 내려앉았습니다. 철물 장수에게 맞으면서 무거운 수레를 끌던 기억이 떠올라서였습니다. 그러나 파트라셰는 할아버지와 네로가 철물 장수와는 아주 다른 사람이라는 것을 생각해 냈습니다. 자기를 보살펴 준 고운 마음을 되새겼습니다. 그래서 절룩거리며 우유 수레를 혼자 끄는 할아버지를 그대로 볼 수는 없다고 생각했습니다.

(마) ⓒ이튿날 할아버지가 수레 앞으로 가자, 파트라셰는 얼른 수레 손잡이 안으로 들어가 섰습니다. / "파트라셰가 왜 저러지?"

할아버지는 고개를 갸웃거렸습니다. 파트라셰는 수레를 끌고 앞으로 나갔습니다.
"파트라셰, 생각은 기특하다만 개한테 이런 일을 시키는 것은 내키지 않는구나."
"멍멍, 멍멍멍!" / 파트라셰는 자기 마음을 몰라주는 할아버지가 답답하기만 했습니다.
'저는 충분히 할아버지를 도울 수 있어요. 이런 수레는 아무 것도 아니라고요. 전에는 무거운 수레도 혼자서 끌었어요.'

파트라셰의 눈에 눈물이 고이더니 이내 주르르 흘러내렸습니다. 전에 고생했던 생각이 떠올라 슬펐고, 착한 주인을 위해서 일하고 싶은데 그 마음을 몰라주어서 속상했던 것입니다.

할아버지도 눈시울이 시큰해졌습니다. 할아버지는 무릎을 굽히고 앉아 파트라셰의 머리를 끌어안고 말했습니다.

"파트라셰, 네가 집이나 지키는 개인 줄만 알았더니, 웬만한 사람보다 생각이 깊구나. 그래, 네 마음을 받아들이마. 하지만 수레를 너 혼자만 끌게 하지는 않겠다. 이 할아버지와 같이 끌자꾸나. 누가 뭐래도 너는 우리와 함께 일하고 함께 먹는 식구란다."

관련 교과 **국어**

주제찾기 1. 이야기를 읽고 얻은 감동을 아래와 같이 간추렸습니다. 빈칸에 알맞은 낱말을 채우세요.

> 사람과 짐승이 주고받는 배려와 □□

글감찾기 2. 이야기의 가장 중요한 글감은 무엇입니까?

① 플랜더스의 개 ② 할아버지의 일감
③ 고아로 살아가는 네로 ④ 철물 장수의 나쁜 행동
⑤ 마을 사람들의 친절과 도움

사실이해 3. (가)~(마) 중, 옛날에 있었던 일을 되돌려 기록한 것을 찾아 기호를 쓰세요.

미루어알기 4. 이야기로 꾸미기 위해 거짓을 참말처럼 받아들이도록 한 내용은 무엇입니까?

① 할아버지와 손자가 한집에 산다.
② 길거리에 버려진 개를 우연히 만난다.
③ 죽어가던 개가 극진한 간호로 살아난다.
④ 개가 사람 못지않게 느끼고 생각할 줄 안다.
⑤ 다리를 절름거리는 개가 수레를 끌 줄 안다.

세부내용 5. ㉠과 ㉡은 공통적으로 어떤 구실을 하고 있습니까?

① 일정한 시간을 알려 준다. ② 특정한 장소를 가리켜 준다.
③ 시간이 지났음을 알려 준다. ④ 장소가 바뀌고 있음을 알려 준다.
⑤ 이야기하는 사람이 바뀐다는 표시이다.

요약하기 7. 이야기의 주요 내용을 '원인-결과'의 관계로 정리하여 아래의 표를 만들었습니다. 빈칸에 알맞은 낱말을 쓰세요.

원인	결과
네로와 할아버지는 버려진 개를 집으로 데려와 보살펴 주었습니다.	개는 네로네 집의 ①□□가 되어 사랑을 받게 되었습니다.
파트라셰는 할아버지를 도와 수레를 끌겠다고 하였습니다.	파트라셰는 ②□□□□와 함께 수레를 끄는 일을 하게 되었습니다.

점수

모든 문제의 점수를 더하여 총점을 쓰고 164쪽의 표에 막대그래프로 표시하세요.

독해력 키움 | 41. 이야기 글 읽기(7)

| 평가요소 | 1. ☐ 20점 | 2. ☐ 15점 | 3. ☐ 15점 | 4. ☐ 15점 | 5. ☐ 15점 | 6. ☐ 20점 |

168쪽 표의 해당하는 번호에 체크하세요.

옛날 어느 마을에 돌쇠라는 총각이 살고 있었어.

"세상 구경이나 떠나 볼까?" / 돌쇠는 좁쌀 한 톨만 달랑 들고 길을 떠났어.

어느새 날이 저물어 돌쇠는 주막에서 하룻밤 묵어가기로 했지.

"주모, 이 좁쌀은 내 전 재산이니 잘 맡아 두었다가 날이 밝거든 돌려주시오."

좁쌀을 받아 든 주모는 어이가 없었어.

그래서 좁쌀을 아무렇게나 휙 던져 놓고는 잠에 곯아떨어졌지. 그런데 이 일을 어째? 밤사이 쥐 한 마리가 좁쌀을 홀랑 먹어 버렸지 뭐야.

날이 밝자 돌쇠는 좁쌀 한 톨을 돌려 달라고 했어. / "이 일을 어쩐담? 쥐란 놈이 먹어 버렸지 뭐요." / 주모의 말에 돌쇠는 바닥에 주저앉아 엉엉 울었어.

"아이고, 그 좁쌀이 내 전 재산인데 이제 어쩌면 좋단 말이오. 지금 당장 그 쥐라도 잡아 주시오." / 주모는 냉큼 쥐 한 마리를 잡아다가 돌쇠에게 주었어.

돌쇠는 쥐 한 마리를 받아 들고 길을 떠났지.

얼마나 갔을까? 어느새 또 날이 저물었어. 돌쇠는 농가의 헛간에서 하룻밤을 보내게 되었지. 농부의 아내에게 쥐를 맡겼더니 그집의 고양이가 잡아먹었고, 쥐 대신 고양이를 받았어.

돌쇠는 고양이를 데리고 길을 떠났지.

그날 밤, 돌쇠는 으리으리한 기와집에서 하룻밤을 묵어가게 되었어.

"이 고양이는 내 전 재산이니 잘 맡아 주시오."

그런데 다음 날 하인이 한다는 소리가, 이 집 개가 고양이를 무는 바람에 고양이가 꼼짝도 못하게 되었다는 거야.

"허, 그것참, 미안하게 되었소. 그 대신 이 개라도 가지고 가시오."

돌쇠는 개를 데리고 길을 떠났지.

한참 길을 가던 돌쇠는 한 상인의 집에서 하룻밤을 머무르게 되었어.

"이 개는 내 전 재산이니 잘 맡아 주시오."

상인은 돌쇠의 개를 마구간에 넣어 두었지. 그런데 그날 밤, 마구간에 있던 당나귀가 뱀을 보고 깜짝 놀라 이리저리 날뛰다가 개를 발로 차 다치게 한 거야.

"허, 그것참, 미안하게 되었고. 그 대신 우리 집 당나귀라도 가져가시오."

(중략)

돌쇠는 당나귀를 타고 길을 떠났지.

얼마 뒤, 돌쇠는 한양까지 오게 되었어. 사람들로 북적대는 저잣거리도 구경하고, 어마어마하게 크고 넓은 한강도 구경했지. 임금님이 사신다는 고래 등 같은 궁궐도 구경했어.

그날 밤, 돌쇠는 여관에 들어가 하룻밤을 묵어가게 되었어.

"주인장, 이 당나귀 좀 잘 맡아 주시오."

여관 주인은 당나귀를 외양간에 넣어 두었지. 그런데 이게 웬일이야? 여관집 암소가 뒷발질하다가 그만 당나귀 다리를 부러뜨리고 말았지 뭐야.

"허, 그것참, 미안하게 되었소. 그 대신 우리 집 암소라도 가져가시오."

돌쇠는 암소를 몰고 길을 떠났지.

해가 저물자 돌쇠는 백정의 집에서 하룻밤을 묵게 되었어. 그런데 다음 날, 백정이 급하게 돌쇠를 깨웠어. 아들 녀석이 자기네 소인 줄 알고 암소를 정승 댁에 팔았다는 거야. 돌쇠는 부랴부랴 정승 댁을 찾아갔지. 정승 댁에서는 잔치가 한창이었어. 돌쇠는 대문을 두드리며 우렁찬 목소리로 외쳤어.

"이 댁에서 사 간 암소를 돌려주시오!" / 그러자 하인들이 우르르 몰려나와 말했어.

"이미 그 소는 잡아서 잔칫상에 올렸소." / "그럼 그 소를 먹은 사람이라도 데려오시오!"

"먹은 사람이 한둘이겠소?" / "그럼, 가장 많이 먹은 사람을 데려오시오! 그러지 않으면 여기서 한 발짝도 물러서지 않겠소."

밖이 떠들썩하자 정승은 하인을 불러 물었어. / "무슨 일인데 이리 소란스러운 게냐?"

"글쎄, 어떤 총각이 오늘 잔칫상에 올린 암소가 자기 것이라며 당장 내놓으라고 야단입니다요." / "아니, 이미 잡아먹은 소를 어찌 내놓으라는 게냐?" / "그 소를 가장 많이 먹은 사람이라도 내놓으라고 저렇게 떡 버티고 서서 억지를 부리지 뭡니까."

정승은 대문으로 가서 돌쇠를 찬찬히 훑어보았어. 그런데 눈이 초롱초롱하고 말하는 품이 당찬 거야. 정승은 돌쇠가 마음에 쏙 들었지. 정승은 방으로 들어가 어여쁜 색시를 데리고 나왔어.

"이 아이가 그 소를 가장 많이 먹은 사람이라네. 이제 이 아이를 어떻게 할 작정인가?"

"내 전 재산을 먹어 버렸으니 내가 데려가겠소!"

정승은 돌쇠의 두둑한 베짱이 마음에 들었어. / "좋네, 그럼 내 딸을 데려가거나."

이렇게 해서 돌쇠는 좁쌀 한 톨로 정승 댁 딸에게 장가를 들게 되었단다.

주제찾기 1. 이야기를 흥미있게 이끈 까닭을 쓴 것입니다. □를 채워 쓰세요.

| 예상하지 못한 ①□□이 ②□□해서 일어나기 때문에 |

제목찾기

2. 이야기의 처음과 끝의 내용을 바탕으로 글의 제목을 붙이려 합니다. 아래의 빈칸에 알맞은 말을 쓰세요.

> □□ □ □로 □□ □에게 장가 든 돌쇠

사실이해

3. 이야기를 전달하는 문장의 말투에는 어떤 특징이 있습니까?

① 등장인물과 대화하는 것 같다.
② 사건에 전혀 간섭하지 않으려 한다.
③ 듣는 사람을 마주하고 들려주는 듯하다.
④ 많은 관중을 두고 공연할 때의 말투이다.
⑤ 종이 상전에게 굽실거리며 아부하는 것 같다.

미루어알기

4. '돌쇠'의 사람됨을 바르게 평가한 것은 어느 것입니까?

① 옹졸하다.　　　　　　　② 매우 비겁하다.
③ 포기하기를 잘 한다.　　④ 대들기를 잘 하고 사납다.
⑤ 상황에 따라 융통성 있게 생각할 줄 안다.

세부내용

5. 이야기의 배경은 어떻게 변화하고 있습니까?

① 시골에서 한양으로　　　　② 시골에서 또 다른 시골로
③ 한양의 도성 밖에서 안으로　④ 한양의 도성 안에서 밖으로
⑤ 나라 안에서 나라 밖으로

적용하기

6. 아래의 표는 전체 이야기에서 여러 번 반복되는 작은 이야기의 짜임새를 정리한 것입니다. 표의 빈칸에 들어갈 알맞은 말을 쓰세요.

> 돌쇠가 ① □을 떠난다. → 하룻밤 묵을 집 주인에게 ② □□□ 물건을 맡긴다. → 맡긴 물건이 ③ □□□□□ 망가져서 못 쓰게 된다. → 대신할 수 있는 다른 ④ □□을 받는다.

점 수

1~6번 문제의 점수를 더하여 총점을 쓰고 164쪽의 표에 막대그래프로 표시하세요.

독해력 키움 | 42. 이야기 글 읽기(8)

| 평가요소 | 1. ☐ 20점 | 2. ☐ 15점 | 3. ☐ 15점 | 4. ☐ 15점 | 5. ☐ 15점 | 6. ☐ 20점 |

168쪽 표의 해당하는 번호에 체크하세요.

엘리자베스는 아름다운 공주였습니다. 엘리자베스 공주는 성에서 살고 있었는데, 그 성에는 비싸고 좋은 옷이 많았습니다. 공주는 로널드 왕자와 결혼하여 행복하게 살 참이었습니다.

어느 날 아침 무렵, 무서운 용 한 마리가 나타나 공주의 성을 부수고 뜨거운 불길을 내뿜어 공주의 옷을 몽땅 불사르고 로널드 왕자를 잡아가 버렸습니다. 공주는 용을 뒤쫓아 가서 왕자를 구해 오기로 결심하였습니다. 그런데 옷이 몽땅 타 버려서 입을 것을 찾아야 하였습니다. 공주는 사방을 둘러보았습니다. 그때 종이 봉지 한 장이 눈에 띄었습니다. 공주는 종이 봉지를 주워 입고 용을 찾아 나섰습니다.

용이 지나간 길목에 있는 숲은 모두 타 버리고 그 자리에는 말뼈들만 뒹굴고 있었습니다. 공주는 용이 지나간 흔적을 따라 계속 걸어갔습니다. 점심때가 채 안 되어서 마침내 공주는 어느 동굴 앞에 다다랐습니다. 동굴에는 굉장히 큰 문이 달려 있었고, 문 두드릴 때 쓰는 커다란 쇠붙이도 있었습니다. 공주는 쇠붙이를 잡고 문을 쾅쾅 두드렸습니다. 용이 문밖으로 삐죽 코를 내밀었습니다.

"우아, 공주님이시로군요! 난 공주를 좋아하지. 그런데 오늘은 이미 성 한 채를 통째로 삼켜서 배가 부른걸. 난 지금 몹시 바쁘니 내일 다시 와."

용은 문을 쾅 닫았습니다. 그 바람에 공주는 하마터면 문에 코를 찧을 뻔하였습니다. 공주는 문고리를 잡고 다시 문을 쾅쾅 두드렸습니다. 용이 또 문밖으로 삐죽 코를 내밀었습니다.

"가! 가라니까. 난 공주를 좋아해. 그런데 오늘은 이미 성 한 채를 통째로 삼켰다니까. 난 지금 몹시 바빠. 그러니 내일 다시 와." / 잠시 뒤에 공주가 물었습니다.

"잠깐만, 네가 이 세상에서 가장 머리가 좋고 가장 용감한 용이라던데, 정말이니?"

"그럼, 정말이지." / "네가 불을 한 번 내뿜으면 숲 열 군데가 한꺼번에 타 버린다던데, 정말이니?" / "그럼, 정말이지."

용은 숨을 깊이 몰아쉬더니 활활 불을 내뿜었습니다. 숲 쉰 군데가 한꺼번에 불에 타버렸습니다. 또, 공주가 말하였습니다. / "너, 정말 멋지구나."

용은 다시 한 번 큰 숨을 크게 들이쉬고 활활 불을 내뿜었습니다. 이번에는 숲 백 군데가 타 버렸습니다.

공주가 말하였습니다. / "너, 참 무시무시하구나."

용은 또다시 깊은 숨을 들이쉬었으나 이번에는 헛바람만 나왔습니다. 이제 용에게는 달걀 한 알 익힐 만큼의 불씨도 남아 있지 않았습니다.

공주는 또 물었습니다.

"용야, 네가 하늘로 날아오르면 십 초 안에 세상을 한 바퀴 돌아올 수 있다던데, 그것도 정말이냐?" / "아이참, 정말이라니까."

용은 훌쩍 뛰어 날아서 세상을 한 바퀴 돌았습니다. 꼭 십 초 뒤에 용은 몹시 지쳐서 돌아왔습니다. 공주가 말하였습니다. / "너, 참 멋지구나. 한 번 더 해 봐!"

용은 훌쩍 뛰어 날아서 세상을 또 한 바퀴 돌고 돌아왔습니다. 이번에는 이십 초가 걸렸습니다. 이제 용은 너무 지쳐서 말도 못 하고 픽 쓰러져 곯아떨어졌습니다.

"얘, 용아!" / 공주는 작은 소리로 용을 불렀습니다. 하지만 용은 꼼짝도 하지 않았습니다. 공주는 용의 귀에다 머리를 들이밀고 목청껏 소리쳤습니다.

"얘, 용아!" / 용은 너무 지쳐서 꼼짝도 하지 않았습니다.

해가 서쪽으로 기울어질 때쯤에 공주는 훌쩍 용을 타 넘어 동굴로 가서 문을 열었습니다. 로널드 왕자가 안에서 뛰어나왔습니다. 왕자는 공주를 보더니 대뜸 이렇게 말하였습니다.

㉠"엘리자베스! 너, 꼴이 엉망이구나! 아이고, 탄내야, 머리는 온통 헝클어지고, 더럽고 찢어진 종이 봉지나 뒤집어쓰고……. 진짜 공주처럼 챙겨 입고 다시 와!"

왕자의 말을 듣고 난 뒤에 공주가 말하였습니다.

"그래, 로널드, 넌 옷도 멋지고 머리도 단정해. 진짜 왕자 같아. 하지만 넌 겉만 번지르르한 껍데기야." / 결국 두 사람은 결혼하지 않았습니다.

주제찾기 1. 이야기를 읽고 나서 어떤 가르침을 새겨볼 수 있습니까?

① 노력하면 어려움을 이겨낼 수 있다.
② 어렵다고 해서 쉽게 포기해서는 안 된다.
③ 사람을 겉모습만 보고 평가해서는 안 된다.
④ 오늘 할 일을 내일로 미루어서는 안 된다.
⑤ 다투기보다 어울리면서 살아야 한다.

제목찾기

2. 이야기의 제목을 공주가 용을 물리치러 갈 때 입은 것을 넣어서 붙였습니다. 빈칸에 알맞은 말을 쓰세요.

□□ □□ 공주

사실이해

3. 사건에 대한 설명으로 알맞은 것은 무엇입니까?

① 하루 동안 일어났다.　　② 꼬리를 물고 일어났다.
③ 같은 장소에서 일어났다.　④ 여러 해에 걸쳐 일어났다.
⑤ 왕자를 중심으로 일어났다.

미루어알기

4. ㉠을 말한 왕자는 어떤 사람이라 할 수 있습니까?

① 말을 함부로 하는 사람이다.
② 남의 흠잡기 좋아하는 사람이다.
③ 나만 좋으면 된다고 생각하는 사람이다.
④ 사람의 겉모습이 가장 중요하다고 여기는 사람이다.
⑤ 세상에서 부자 되는 것만큼 좋은 일이 없다고 보는 사람이다.

세부내용

5. 공주가 용을 물리치기 위해 한 일은 무엇입니까?

① 성내기　　② 칭찬하기　　③ 비난하기
④ 원망하기　⑤ 수다 떨기

적용하기

6. 이글을 연극으로 꾸밀때 아래 사건에 맞게 시간과 공간을 쓰세요.

시간	공간	중요한 사건
어느 날 아침무렵	①□□□ □	• 용이 공주의 성을 부수고 불길로 공주의 옷을 불사르고 왕자를 잡아감. • 공주가 왕자를 구하기 위해 종이 봉지를 입고, 용을 찾아 나섬.
②□□□가 채 안 되어서	동굴 문앞	용을 찾아간 공주가 뛰어난 지혜로 용의 힘을 빼서 잠재움.
해가 서쪽으로 기울어질 때쯤	동굴 입구	• 왕자는 자신을 구해준 공주를 보고 잘 차려 입고 다시 오라고 함. • 공주가 왕자와 결혼하지 않기로 함.

점 수

1~6번 문제의 점수를 더하여 총점을 쓰고 164쪽의 표 에 막대그래프로 표시하세요.

독해력 키움 | 43. 이야기 글 읽기(9)

평가요소 | 1. ☐ 15점 | 2. ☐ 10점 | 3. ☐ 15점 | 4. ☐ 15점 | 5. ☐ 15점 | 6. ☐ 15점 | 7. ☐ 15점

168쪽 표의 해당하는 번호에 체크하세요.

(가) 별이 반짝이는 깊은 밤이었습니다. 사방이 캄캄한데 아직도 불이 켜져 있는 방이 있었습니다. 그 방에서는 어린 사내아이가 꼿꼿하게 앉아 글을 열심히 읽으며 혼잣말을 하였습니다. / "오늘 배운 것은 오늘 다 익히자."

서당에 다니게 된 뒤부터 사내아이는 이렇게 다짐하였습니다. 예전에 다른 일을 먼저 하느라 공부를 미루었다가 책 한 권을 다 읽기까지 오랜 시간이 걸린 일이 있었기 때문입니다. 이 아이가 뒷날 조선의 대학자가 된 이황입니다.

(나) 열심히 공부한 이황이 과거를 보기 위하여 한양으로 가던 중이었습니다. 점심때가 되어 하인이 밥을 지어 왔습니다.

"도련님, 밥이 맛있게 되었습니다. 어서 드십시오."

하인이 밥상을 내려놓으며 말하였습니다. 콩이 드문드문 섞인 쌀밥이 맛있게 보였습니다.

"가만있자, 쌀은 우리가 가져온 것이지만 콩은 어디에서 났느냐?"

"저 콩밭에서 한 움큼 따 왔습니다."

"그럼 남의 콩을 훔쳐 온 것이 아니냐? 어떤 일이 있어도 남의 것을 훔치는 행동을 해서는 안 된다." / 이황은 밥을 한 술도 뜨지 않았습니다.

(다) 벼슬에서 물러난 이황은 열심히 제자를 가르쳤습니다. 이황이 가르치는 제자 가운데에는 가난하게 사는 제자도 있었습니다.

하루는 이황이 꿈을 꾸었습니다. 꿈속에서 어린 제자가 슬프게 울고 있었습니다.

"왜 울고 있느냐?"

"아침 밥상에 제 밥 한 그릇만 놓여 있었습니다. 어머니께 아침을 드시지 않느냐고 여쭈어 보니 속이 좋지 않다고 하셨습니다. 그런데 제가 집을 나섰다가 놓고 온 것이 있어 다시 돌아가 보니, 어머니께서 물로 배를 채우고 계셨습니다."

㉠꿈속에서 이황은 어린 제자를 감싸 안고 함께 울었습니다.

날이 밝자, 이황은 어린 제자의 집에 찾아갔습니다. 이황이 방이랑 부엌을 살펴보니, 어린 제자와 그의 어머니가 방에 불도 때지 못하고 누워 있었습니다.

이황은 안타까운 표정을 지으며 말하였습니다.

"얼마나 춥고 배가 고프겠느냐?"

이황은 급히 집으로 돌아와 장작과 쌀을 챙겨 가난한 제자 집에 가져다주었습니다.

(라) 이황은 서른네 살이라는 늦은 나이에 과거 시험에 합격해 벼슬길에 올랐습니다. 중요한 여러 관직을 거친 그는 다시 고향으로 돌아와 조그만 집을 짓고 책을 읽으며 지냈답니다. 그의 능력을 아깝게 여긴 명종 임금님은 수차례 벼슬을 내리며 그를 불렀지요. 그러나 끝내 돌아오지 않자 그림 그리는 이를 시켜 이황이 있는 곳의 경치를 그리도록 하여 보고 싶을 때마다 그 그림을 대신 보았다고 합니다.

(마) 이황이 충청도 단양에서 임기를 마치고 경상도 풍기 군수로 자리를 옮길 때 일입니다. 그가 떠나는 날 단양의 백성들이 삼베를 한 짐 지고 왔습니다.

"이 삼은 이 고을의 밭에서 거둔 것입니다. 떠날 때 가지고 가십시오."

"이 고을에서 난 것이니 이 고을의 재산이다."

ⓒ이렇게 말하는 이황의 짐 속엔 책 몇 권과 평소에 아껴 보던 돌 두 개뿐이었다고 합니다.

주제찾기 1. 글의 전체 내용과 어울리는 주제는 무엇입니까?

① 이황의 어린 시절 ② 이황의 친구 사귀기
③ 이황의 어려웠던 벼슬길 ④ 이황의 애틋한 제자 사랑
⑤ 이황이 살아 있을 때 한 일

글감찾기 2. 글에서 다룬 인물의 이름을 찾아 쓰세요.

사실이해 3. ㉠의 이유로 알맞은 것은 무엇입니까?

① 제자의 가난을 슬퍼해서 ② 제자의 어머니가 돌아가셔서
③ 제자 어머니의 사랑에 감동해서 ④ 이황이 돌아가신 어머니를 떠올려서
⑤ 이황이 효도 못한 스스로를 부끄러워해서

미루어알기 4. ⓒ에서 떠올릴 수 있는 이황의 성품은 어떠합니까?

① 효성스럽다.
② 부지런하다.
③ 제자를 사랑한다.
④ 재물을 탐내지 않는다.
⑤ 힘든 일을 앞장서서 한다.

세부내용 5. (가)~(마) 중, 다른 사람이 한 일로 미루어 이황의 훌륭함을 알아볼 수 있도록 한 것의 기호를 쓰시오.

적용하기 6. 이 글이 동화와 다른 점은 무엇인가요?

① 지어낸 이야기라는 점
② 있었던 일을 기록했다는 점
③ 일의 원인과 결과를 밝혔다는 점
④ 인물의 활동이 중심 내용이라는 점
⑤ 시간과 공간의 배경이 나타난다는 점

요약하기 7. 글에 나타난 이황의 성품을 중심으로 주요 내용을 표로 간추렸습니다. 빈칸을 채워 표를 완성하세요.

성품	한 일
① □□□□□	오늘 배운 것은 오늘 익혔다.
정직하다	② □□콩으로 지은 밥을 안 먹었다.
남을 ③ □□한다.	가난한 제자의 집에 쌀을 갖다 주었다.
청렴하다	백성이 지고 온 ④ □□를 물리쳤다.

점수

1~7번 문제의 점수를 더하여 총점을 쓰고 164쪽의 표에 막대그래프로 표시하세요.

독해력 키움 | 44. 이야기 글 읽기(10)

평가요소: 1. □ 15점 | 2. □ 15점 | 3. □ 15점 | 4. □ 20점 | 5. □ 15점 | 6. □ 20점

168쪽 표의 해당하는 번호에 체크하세요.

[앞의 줄거리] 바닷속 용왕이 고치기 어려운 병에 걸린다. 오직 토끼의 간을 먹어야 병이 낫는다는 말을 듣고, 육지로 가서 토끼를 데리고 올 신하를 찾는다. 여러 신하가 나서서 다툰 끝에 자라가 임무를 맡아 토끼를 데리고 오기로 한다.

제5장

자라가 바닷속 용궁으로 토끼를 데리고 와서 용왕 앞에 선다.

용왕: (긴 수염을 어루만지며) 오랫동안 앓고 있는 병에 네 간이 약이 된다는 말을 듣고 자라를 땅으로 보내어 너를 데려오게 하였느니라.

토끼: (깜짝 놀라며) 아니, 제 간을 잡수시겠다고요?

자라: (미안해하는 표정을 지으며) 토 선생, 미안하게 됐구려. 하지만 산속의 조그마한 짐승이 용왕님을 위하여 목숨을 바치는 것도 영광이라 생각하고 너무 서러워 마시구려.

용왕: (신하들을 향하여 큰 소리로) 여봐라, 어서 저 토끼를 묶어라.

토끼: (흥분을 가라앉히며 침착하게) 잠깐. 저같이 미천한 짐승이 용왕님을 위하여 죽게 됨은 영광이옵니다. 그러나 꼭 아뢰어야 할 말씀이 있사옵니다.

용왕: (토끼에게 다가서는 신하들에게 손짓하며) 그래? 무슨 말을 하려는지 들어나 보자꾸나. 어서 말해 보아라.

토끼: (용왕 앞으로 바싹 다가서며) 저는 다른 짐승과 달리 아침에는 이슬을 먹고 저녁에는 산삼을 먹습니다. 그러니 제 간이 만병통치약일 수밖에요. 그래서 저를 만나기만 하면 간을 달라고 하는 짐승이 많아 밖에 나돌아 다닐 때는 바위틈 깊은 곳에 제 간을 숨겨 놓고 다닙니다.

용왕: (놀라는 표정으로) 아니, 그러면 지금은 간이 없다는 말이냐?

토끼: 네, 자라 선생이 용왕님의 병환에 대하여 알려 주지 않아 바위틈에 간을 둔 채 그냥 따라왔나이다.

자라: (화난 목소리로) 참으로 간사한 놈이로군. 어찌 간을 넣었다 뺐었다 할 수 있다는 말인가? 용왕님을 속이려고 하다니 용서할 수가 없구나. 여봐라. 이놈을 어서 묶어라.

토끼: (애써 웃어 보이며) 용왕님, 신중히 생각하셔야 합니다. 만일 제 배를 갈라도 간이 나오지 않는다면 용왕님 병환은 영영 고칠 수 없사옵니다.

용왕: (잠시 머뭇거리다가) 그대들의 생각은 어떠하오?

신하들이 잠시 수군거리다가 곧 조용해진다.

상어 대신: (앞으로 나서며) 마마, 아무래도 토끼의 말을 믿어 보는 것이 좋겠사옵니다.

문어 장군: 토끼의 말에는 의심쩍은 부분이 없지 않사오나, 자라와 함께 육지로 보내어 간을 가져오게 하는 것이 좋을 듯하옵니다.

용왕: (갑자기 부드러운 목소리로) 이보게, 토 선생! 정말 간을 가지고 올 수 있겠는가?

토끼: (기쁨을 짐짓 감추며 진지하게) 용왕님, 염려하지 마시옵소서. 저에게는 있으나 마나 한 그까짓 간을 무엇 때문에 아끼겠습니까? 산속으로 가서 간을 가지고 돌아온 뒤에 영원히 용왕님을 모시고자 하옵니다.

용왕: (감격하여) 오, 정말 갸륵한지고! 그대에게 높은 벼슬을 내리겠노라.

제6장

육지에 도착하자, 자라의 등에서 훌쩍 뛰어내린 토끼는 신나게 노래를 부르며 이리 뛰고 저리 뛴다.

자라: (토끼를 이상하다는 듯이 쳐다보며) 이보게, 토 선생! 우리의 갈 길이 멀고 용왕님의 병환이 가볍지 않으니, 어서 간을 가지고 와서 용궁으로 돌아가세.

토끼: (깔깔 웃으며) 이 미련한 자라야, 몸 안에 붙어 있는 간을 어찌 마음대로 꺼낼 수 있겠느냐? 내가 너의 꾐에 빠져 죽을 뻔한 것을 생각하면 내 친구들을 불러 혼을 내 주고 싶지만, 나를 업고 오가느라 수고한 걸 생각하여 목숨을 살려 준다. 빨리 돌아가서 용왕에게 부질없이 애쓰지 말고 죽을 때를 기다리라고 전하여라.

토끼가 말을 마치고 깔깔 웃으며 소나무 숲으로 깡충깡충 뛰어가자, 자라는 토끼의 뒷모습만 멍하니 바라본다. 바다 물결 소리와 숲 속의 새소리가 어우러지면서 막이 내린다.

주제찾기

1. 글의 중심 내용은 무엇입니까?

① 병에 걸린 용왕
② 공을 다투는 대신들
③ 토끼를 설득하려는 자라
④ 서로 힘을 자랑하는 장군들
⑤ 꾀를 내어 용궁을 탈출하는 토끼

글감찾기   **2.** 글감을 글에서 찾아 쓰세요.

□□□ □

사실이해   **3.** 육지로 다시 온 토끼는 어떤 행동을 했습니까?

① 자라의 등에 올라탔다.
② 자라에게 갈 길을 재촉했다.
③ 자라가 속았음을 알리며 비웃었다.
④ 친구들을 불러서 자라를 혼내 주었다.
⑤ 물결 소리와 새소리를 들으며 잠을 잤다.

미루어알기   **4.** 용궁에 와서 처음으로 용왕의 말을 듣고 토끼는 어떤 마음이 되었습니까?

① 미안   ② 기쁨
③ 슬픔   ④ 놀람
⑤ 화남

세부내용   **5.** 사건이 펼쳐지고 있는 장소 두 곳을 글에서 찾아 모두 쓰세요.

적용하기   **6.** 인물의 표현을 보고 어떤 마음일지 아래의 표로 정리해보았습니다. 빈칸을 채워서 표를 완성하세요.

	표현	마음
토끼	(깜짝 놀라며) 아니, 제 간을 잡수시겠다고요?	놀란 마음, 죽을지도 모른다는 ①□□□ 마음
자라	(화난 목소리로) 참으로 간사한 놈이로군. 어찌 간을 넣었다 빼었다 할 수 있단 말인가?	토끼의 거짓말에 ②□□ 마음
토끼	(깔깔 웃으며) 이 미련한 자라야, 몸 안에 붙어 있는 간을 어찌 마음대로 꺼낼 수 있겠느냐?	용왕과 자라를 속여 넘긴 ③□□□ 마음

1~6번 문제의 점수를 더하여 총점을 쓰고 164쪽의 표에 막대그래프로 표시하세요.   **점 수**

독해력 키움 | 45. 이야기 글 읽기(11)

168쪽 표의 해당하는 번호에 체크하세요.

(가) 석주명이 나비를 채집하려고 지리산에 갔을 때의 일입니다. 저만치 흑갈색 바탕 위에 흰무늬가 있는 날개를 가진 나비가 눈에 띄었습니다.

'처음 보는 나비인데…….'

석주명은 숨을 죽인 채 살금살금 다가갔습니다. 그 순간 나비는 팔랑거리며 날아가 버렸습니다. / '저것은 지금까지 발견되지 않았던 나비야.'

나비가 나는 모습만 보아도 암컷인지 수컷인지 알 수 있는 석주명이었습니다. 그는 가슴이 두근거렸습니다.

나비는 잡힐 듯 잡힐듯하면서도 계속 날아갔습니다. 석주명은 있는 힘을 다하여 나비를 뒤쫓았으나 나비는 어디로인가 사라져 버렸습니다.

㉠'어떻게 해서든지 저 나비를 꼭 잡아야 해.'

석주명은 나비를 찾기 위하여 풀숲도 헤쳐 보고 나뭇가지도 흔들어 보며 온 산을 헤매고 다녔습니다. 여기저기 부딪혀 멍이 들고 나뭇가지에 살갗이 긁혀 피가 흘렀습니다. 그러기를 여러 시간, 그는 마침내 나비를 잡을 수 있었습니다. 우리나라에서는 처음 발견된 나비였습니다. 석주명은 이 나비한테 '지리산팔랑나비'라는 이름을 붙였습니다.

(나) 석주명은 어렸을 때 개와 고양이뿐만 아니라 비둘기, 도마뱀까지 기를 만큼 동물을 좋아하였습니다. 그리고 친구들과 어울려 다니며 뛰어놀기를 좋아하는 개구쟁이이기도 하였습니다.

그런데 그때는 우리나라가 일본에 나라를 빼앗긴 시대였습니다. 석주명은 독립운동가들을 도와주시는 아버지의 모습을 보며 자랐습니다. 어린 나이에 석주명은 3·1 운동에도 참여하였습니다.

(다) 석주명이 나비를 연구하기로 마음먹은 것은 일본에서 공부하던 스물한 살 때였습니다. 석주명에게 일본인 선생님이 말하였습니다.

"조선에서는 아직 나비에 관한 연구가 제대로 되어 있지 않아. 나비를 연구해 보게. 자네가 십 년 동안 끊임없이 연구한다면 세계적인 나비 박사가 될 수 있을 걸세."

석주명은 선생님의 말씀을 듣고 결심하였습니다.

'그렇다, 나도 무엇인가를 해야 한다. 먼저 나는 우리나라의 나비를 연구할 것이다. 아무도 하지 않은 이 일을 내가 반드시 해내고야 말리라.'

(라) 우리나라로 돌아온 석주명은 마음을 굳게 먹고 나비 연구를 시작하였습니다. 밥 먹는 시간도 아까워서 길을 걸으며 땅콩을 먹었고, 새벽 두 시 전에는 결코 잠자리에 들지 않았습니다. 언제 어디에서나 오직 나비만을 생각하며 연구에 몰두하였습니다.

이렇게 십 년의 세월이 흘렀습니다. 그러던 어느 날, 석주명은 편지 한 통을 받았습니다.

석주명 선생님께

조선에 있는 모든 나비를 연구하여 책으로 써 주십시오.

영국왕립아시아학회

석주명은 우리나라 나비에 대한 모든 것을 알 수 있는 책을 쓰기로 하였습니다. 그는 이 책을 쓰기 위하여 수만 마리의 나비를 모으며 온갖 정성을 쏟았습니다. 그리고 일본 학자들이 우리나라 나비에 대하여 잘못 쓴 부분들을 찾아내어 바로잡았습니다. 이렇게 하여 석주명은 우리나라에 사는 나비에 관한 책을 완성하여 영국 왕립 도서관으로 보냈습니다.

(마) 이렇듯 석주명은 나비를 연구하는 데 온 힘을 다하였습니다. 그는 무려 나비 75만여 마리를 모았습니다. 그리고 ⓒ일본어로 되어 있던 나비 이름을 '수노랑나비', '유리창나비' 등의 우리말 이름으로 바꾸어 붙였습니다. 나라를 빼앗겨 어두웠던 시대에 석주명은 나비를 연구하여 우리 민족의 훌륭함을 온 세계에 알렸습니다.

주제찾기 1. 이야기에서 가장 감동적인 장면을 무엇입니까?

① 발견되지 않았던 나비가 나타난 장면

② 나비 채집을 위해 온힘을 다하는 장면

③ 친구들과 어울려 다니며 뛰어노는 장면

④ 영국아시아학회에서 편지를 받아든 장면

⑤ 나비를 연구한 책을 영국으로 보내는 장면

제목찾기 2. 글의 내용에 알맞은 제목을 붙여 보세요.

□□ 박사 석주명

사실이해 3. ㉠은 어떤 특징이 있는 말입니까?

① 두 사람이 주고받는 말
② 한 사람이 청중에게 하는 말
③ 한 사람이 마음속으로 중얼거리는 말
④ 여러 사람이 둘러 앉아 주고받는 말
⑤ 편을 갈라 옳고 그름을 따지는 말

미루어알기 4. ㉡에서 짐작할 수 있는 석주명의 마음으로 알맞은 것은 무엇입니까?

① 의심하는 마음
② 호기심이 많은 마음
③ 나라를 사랑하는 마음
④ 동물을 사랑하는 마음
⑤ 이웃을 널리 사랑하는 마음

세부내용 5. (가)~(마) 중, 시간을 거슬러서 옛날 일을 이야기하기 시작한 것은 어디서부터 인지 기호를 쓰세요.

적용하기 6. 이 이야기를 쓴 목적은 무엇입니까?

① 사실을 알리려고
② 사실을 증명하려고
③ 생각을 주장하려고
④ 느낌을 전달하려고
⑤ 감동과 교훈을 주려고

요약하기 7. 석주명이 한 일을 아래의 표로 간추렸습니다. 빈칸에 알맞은 말을 쓰세요.

연구에 몰두함	• 영국왕립아시아학회의 편지를 받음. • 우리나라 나비에 대한 모든 것을 알 수 있는 책을 쓰기로 함. • 완성한 책을 ①□□□□□□□으로 보냄.
남긴 일	• ②□□ 학자들의 잘못을 바로잡음. • 75만여 마리의 나비를 모음. • 일본어로 되어 있던 나비 이름을 ③□□□이름으로 바꾸어 붙임.

1~7번 문제의 점수를 더하여 총점을 쓰고 164쪽의 표에 막대그래프로 표시하세요.

점 수

독해력 키움 | 46. 이야기 글 읽기(12)

| 평가요소 | 1. ☐ 15점 | 2. ☐ 15점 | 3. ☐ 15점 | 4. ☐ 10점 | 5. ☐ 15점 | 6. ☐ 15점 | 7. ☐ 15점 |

168쪽 표의 해당하는 번호에 체크하세요.

[앞의 줄거리] 소년은 어릴 적부터 나무와 함께 놀았고, 나무는 행복했습니다. 소년은 나이가 들어 나무에게 돈이 필요하다고 하였고, 나무는 소년에게 사과를 줄 수 있어 행복했습니다. 그런데 한동안 떠났던 소년이 돌아오지 않았고, 나무는 슬펐습니다.

그러던 어느 날 소년이 돌아왔습니다. 나무는 몹시 기뻐서 몸을 흔들며 말하였습니다.
"애야, 내 줄기를 타고 올라오렴. 가지에 매달려 그네도 뛰고 즐겁게 지내자."
"난 나무에 올라갈 만큼 한가롭지 않단 말이야."
소년이 말하였습니다.
"내겐 따뜻하게 지낼 집이 필요해. 아내도 있어야 하고, 자식도 있어야겠고. 그래서 집이 필요하단 말이야. 나에게 집 한 채 마련해 줄 수 없겠어?"
"나에게는 집이 없단다." / 나무가 대답하였습니다.
"이 숲이 나의 집이지. ㉠하지만 내 가지들을 베어다가 집을 짓지 그래. 그러면 행복해질 수 있을 거야."
그러자 소년은 나뭇가지를 베어서는 집을 지으려고 가지고 갔습니다. 그래서 나무는 행복하였습니다.
그러나 떠나간 소년은 오랜 세월이 지나도록 돌아오지 않았습니다. 그러다가 소년이 돌아오자, 나무는 매우 기뻐서 거의 말을 할 수가 없었습니다.
"이리 온, 애야." / 나무는 속삭였습니다.
"와서 나랑 놀자."
"난 너무 나이가 들어서 놀 수가 없어." / 소년이 말하였습니다.
"배가 한 척 있었으면 좋겠어. 멀리 떠나고 싶거든. 내게 배 한 척 마련해 줄 수 없겠어?"
"내 줄기를 베어다가 배를 만들렴." / 나무가 말하였습니다.
"그러면 너는 멀리 떠나갈 수 있고 행복해질 수 있을 거야."
그러자 소년은 나무의 줄기를 베어 내서 배를 만들어 타고 멀리 떠나 버렸습니다. 소년을 도울 수 있었던 나무는 행복하였지만 (㉡   ) 정말 그런 것은 아니었습니다.
오랜 세월이 지난 뒤에 소년이 다시 돌아왔습니다.

"얘야, 미안하다. 이제는 너에게 줄 것이 아무것도 없구나. 사과도 없고."
"난 이가 나빠서 사과를 먹을 수가 없어." / 소년이 말하였습니다.
"내게는 이제 가지도 없으니 네가 그네도 뛸 수도 없고."
"나뭇가지에 매달려 그네를 뛰기에는 난 이제 너무 늙었어."
소년이 말하였습니다.
"내게는 줄기마저 없으니 네가 타고 오를 수도 없고."
"타고 오를 기운도 없어." / 소년이 말하였습니다.
"미안해." / 나무는 한숨을 지었습니다.
"무언가 너에게 주고 싶은데……. 내겐 남은 것이 아무것도 없단다. 나는 그저 늙어 버린 나무 밑동일 뿐이야. 미안해."
"이젠 나도 필요한 게 별로 없어. 그저 편안히 앉아서 쉴 곳이나 있었으면 좋겠어. 몹시 피곤하거든." / 소년이 말하였습니다.
"아, 그래?" / 나무는 안간힘을 다하여 몸뚱이를 펴면서 말하였습니다.
"자, 앉아서 쉬기에는 늙은 나무 밑동이 그만이야. 얘야, 이리 와서 앉으렴. 앉아서 쉬도록 해."
소년은 그렇게 하였습니다. / 그래서 나무는 행복하였습니다.

주제찾기 1. 이야기를 통해 전하려고 한 중심 내용은 무엇인가요?

① 떠나기만 하는 소년
② 세월 따라 늙어가는 나무
③ 이익만 챙기는 소년의 욕심
④ 시간이 지나도 변함없는 나무
⑤ 대가 없이 베푸는 사랑의 아름다움

제목찾기 2. 이야기에 알맞은 제목을 붙여 보세요.

☐☐☐☐ 주는 ☐☐

사실이해 3. ㉠을 말한 나무의 성격으로 볼 수 있는 것을 고르세요?

① 인색하다. ② 헌신적이다.
③ 이기적이다. ④ 사근사근하다.
⑤ 우유부단하다.

미루어알기 4. ㉡에 들어갈 말로 알맞은 것은 무엇입니까?

① 소년이 떠나버려서
② 나무가 혼자 남게 되어서
③ 소년이 간 곳을 알 수 없어서
④ 나무에게 남은 것이 전혀 없어서
⑤ 소년이 오래 돌아오지 않을 것 같아서

세부내용 5. 이야기를 읽으면서 '나무'와 함께 가지게 된 마음 5개를 찾아 ○로 표시하세요.

| 사랑, 부끄러움, 섭섭함, 행복, 슬픔, 미움, 즐거움, 고마움, 기쁨, 놀라움, 두려움 |

적용하기 6. 이야기의 짜임새를 아래와 같이 정리하고, 빈칸에 알맞은 낱말을 쓰세요.

| 주다 → ① □□ → 떠나다 → ② □□□□ → 이야기 전체에서 ③ □□ |

요약하기 7. 소년이 요구한 것과 나무가 준 것을 중심으로 줄거리를 요약한 아래 표의 빈칸을 채우세요.

소년이 요구한 것	나무가 준 것
돈	① □□
집	② □□
배	③ □□
쉴 곳	④ □□

점수

1~7번 문제의 점수를 더하여 총점을 쓰고 164쪽의 표에 막대그래프로 표시하세요.

독해력 키움 | 47. 시 읽기(1)

| 평가요소 | 1. ☐ 20점 | 2. ☐ 20점 | 3. ☐ 20점 | 4. ☐ 20점 | 5. ☐ 20점 |

169쪽 표의 해당하는 번호에 체크하세요.

별빛도 소곤소곤
상추씨도 소곤소곤

물오른 살구나무
꽃가지도 소곤소곤

밤새 내
내 귀가 가려워
㉠잠이 오지 않습니다.

주제찾기

1. '별빛', '상추씨', '꽃가지' 등은 시에서 말하고 있는 사람(화자)에게 어떤 모양을 지닌 것으로 그려지고 있습니까?

① 무섭다.
② 신비롭다.
③ 곱고 아름답다.
④ 살아서 움직인다.
⑤ 화려한 색깔을 지녔다.

글감찾기

2. 시에서 반복적으로 사용하여 글감들이 지닌 속성을 표현하려한 낱말을 찾아서 쓰세요.

사실이해 3. 시의 이해를 위해 맨 먼저, 꼭 필요한 활동을 아래와 같이 정리할 수 있습니다. 빈칸을 채우세요.

> 글감들인 '별빛', '상추씨', '꽃가지' 등은 말을 할 수 없는데도 마치 ①□□인 것처럼 견주어서 ②□□□□ 말을 하고 있습니다. 이와 같이 표현한 것은 글감들이 시에서 말하고 있는 사람(화자)에게 ③□□한 느낌으로 다가오고 있음을 나타내기 위한 것입니다.

미루어알기 4. ㉠의 까닭으로 알맞은 것은 무엇입니까?

① 차가운 꽃샘추위 때문에
② 밤이 아직 깊어지지 않아서
③ 오래 헤어진 사람이 생각나서
④ 주변의 사람들이 불쌍해 보여서
⑤ 새로운 자연을 맞는 설렘 때문에

세부내용 5. 이 시의 모양을 바르게 설명한 것은 어느 것입니까?

① 모든 줄의 길이가 같다.
② 모든 연의 줄 수가 같다.
③ 줄과 연이 나누어져 있다.
④ 띄어 쓰기 할 때마다 글자 수가 같다.
⑤ 이야기처럼 글자가 길게 이어져 있다.

1~5번 문제의 점수를 더하여 총점을 쓰고 165쪽의 표에 막대그래프로 표시하세요. | 점 수

독해력 키움 | 48. 시 읽기(2)

평가요소 1. ☐ 20점 | 2. ☐ 20점 | 3. ☐ 20점 | 4. ☐ 20점 | 5. ☐ 20점

169쪽 표의 해당하는 번호에 체크하세요.

바람이
숲속에 버려진 빈병을 보았습니다.

"쓸쓸할 거야."

바람은 함께 놀아 주려고
빈병 속으로 들어갔습니다.

병은
기분이 좋았습니다.

"보오 보오."

맑은 소리로

<u>휘파람을 불었습니다.</u>

주제찾기 **1.** 이 시가 감동을 주는 까닭을 아래에 정리해 보았습니다. 빈칸을 채우세요.

> 빈병에서 ☐☐☐을 함께 느낀 바람이 빈병과 꼭 같은 처지에 놓이겠다는 어울림의 태도를 보여 줍니다. 이런 태도는 사람과 사람 사이의 따뜻한 정을 느끼게 합니다.

글감찾기 **2.** 시의 글감 두 가지를 찾아 쓰세요.

사실이해 **3.** 이 시에서 상식에서 어긋난 표현을 잘 설명한 것은 어느 것입니까?

① 닮지 않은 것을 닮았다고 한다.
② 똑같지 않은 것을 똑같다고 한다.
③ 물건이 사람처럼 말하고 행동한다.
④ 부분으로 전체를 다 말할 수 있다고 한다.
⑤ 마음에 품고 있는 생각과 전혀 반대되게 말한다.

미루어알기 **4.** 밑줄 친 부분에 대한 설명으로 바르지 <u>않은</u> 것은 무엇입니까?

① 사람이 낸 소리이다.
② 바람이 내도록 한 소리이다.
③ 기분이 좋아서 병이 낸 소리이다.
④ 병 속을 돌아 나가는 바람 소리로 볼 수 있다.
⑤ 시에서는 "보오 보오"라고 반복된 소리로 표현하고 있다.

세부내용 **5.** 짤막하게 줄과 연을 나눈 이유로 알맞은 것은 무엇입니까?

① 시간이 바뀌기 때문에
② 장소가 바뀌기 때문에
③ 분위기가 바뀌기 때문에
④ 내용이 달라진다는 표시를 위해
⑤ 느낌을 떠올리며 낭송하도록 하기 위해

점수

1~5번 문제의 점수를 더하여 총점을 쓰고 165쪽의 표에 막대그래프로 표시하세요.

독해력 키움 | 49. 시 읽기(3)

평가요소 1. ☐ 20점 | 2. ☐ 20점 | 3. ☐ 20점 | 4. ☐ 20점 | 5. ☐ 20점

169쪽 표의 해당하는 번호에 체크하세요.

도토리나무가 다람쥐들을 위해
도토리 한 알
땅바닥에 떨구어 주었다.

어디로 떨어졌는지 몰라
어미 다람쥐 아기 다람쥐
서로 바라보고 있다.

도토리나무가 안타까운 듯
어디로 떨어졌는지 가르쳐 주려고
자꾸만 나뭇잎을 흔들고 있다.

주제찾기 1. '도토리나무'에서 떠올릴 수 있는 사람의 모습은 무엇입니까?

① 나만 편해지려는 사람
② 나의 이익만 좇는 사람
③ 나의 부모에 효도하는 사람
④ 남의 딱한 처지를 동정하는 사람
⑤ 남의 처지에 아랑곳하지 않는 사람

글감찾기 2. 시의 글감이 무엇인지 찾아 쓰시오.

사실이해 3. 시에서 사람처럼 느끼고 행동하는 것은 무엇입니까?

① 도토리나무
② 땅바닥
③ 어미 다람쥐
④ 아기 다람쥐
⑤ 나뭇잎

미루어알기 4. 아래의 글은 이 시에 대한 설명입니다. 빈칸을 채우세요.

> 도토리나무에서 ①□□□가 떨어지는 것을 보고, 도토리나무가 ②□□□들을 위해 도토리를 떨어뜨리는 것이라고 상상하여 쓴 작품입니다.

세부내용 5. 모양의 특징을 알맞게 설명한 것은 어느 것입니까?

① 긴 행과 짧은 행이 번갈아 나타난다.
② 연을 차지하고 있는 행의 수가 모두 같다.
③ 이야기를 전하는 글처럼 길게 이어지고 있다.
④ 연을 차지하고 있는 행의 길이가 점점 길어진다.
⑤ 1연보다 2연이 낱말 수가 많고 3연은 이보다 더 많다.

점수

1~5번 문제의 점수를 더하여 총점을 쓰고 165쪽의 표에 막대그래프로 표시하세요.

독해력 키움 | 50. 시 읽기(4)

내 양말에 구멍이 뽕
발가락이 쏙 나왔다.

발가락은 꼼틀꼼틀
저거끼리 좋다고 논다.

나도 좀 보자
나도 좀 보자
서로 밀치기 한다.

모처럼 구경하려는데
와 밀어내노
㉠서로서로 얼굴을 내민다.

그런데 엄마가 양말을 기워서
발가락은 다시
캄캄한 세상에서
숨도 못 쉬고 살게 되었다.

주제찾기   **1.** 시에서 말하는 사람(화자)은 어떻게 살고 있다고 할 수 있나요?

① 가난을 못 이겨하고 있다.
② 가난을 이겨내려 하고 있다.
③ 가난을 남의 탓으로 돌리려하고 있다.
④ 가난하면서도 웃음을 잃지 않으려 하고 있다.
⑤ 가난하게 살다보면 잘 살게 될 날도 있다고 생각한다.

글감찾기 2. 이 시의 중심 글감은 무엇입니까?

□□□

사실이해 3. 시에서 재미있는 생각이나 표현을 아래의 표로 정리했습니다. 빈칸에 알맞은 낱말을 쓰세요.

발가락을 ①□□인 것처럼 표현	'저거끼리 좋다고 논다.', '서로 밀치기 한다.', '구경을 하려는데', '얼굴을 내민다.'
②□□ 내는 말 사용	'뽕', '쏙', '꼼틀꼼틀'
③□□되는 말 사용	'꼼틀꼼틀', '나도 좀 보자 나도 좀 보자', '서로서로'
④□□□ 사용	'저거끼리', '와 밀어내노'

미루어알기 4. ㉠은 어떤 모습을 표현한 것일까요?

① 양말의 앞이 모두 뚫린 모습
② 양말의 뒤가 모두 뚫린 모습
③ 양말의 앞과 뒤가 모두 뚫린 모습
④ 양말의 뚫린 틈으로 발뒤꿈치가 나온 모습
⑤ 양말의 뚫린 틈으로 발가락들이 삐어져 나온 모습

세부내용 5. 이 시의 모양을 가장 잘 설명한 것은 어느 것입니까?

① 문장들을 길게 이어 붙였다.
② 연을 차지한 행의 수가 모두 같다.
③ 연이 이어질수록 행의 수가 많아진다.
④ 연을 차지한 행의 길이가 점차 길어진다.
⑤ 같은 길이의 연이 번갈아가면서 나타난다.

점수

1~5번 문제의 점수를 더하여 총점을 쓰고 165쪽의 표에 막대그래프로 표시하세요.

독해력 키움 | 51. 시 읽기(5)

동주네 센둥이는 / 동주가 다니는 학교에
언제부턴가 제 자리를 만들었습니다.
학교 오는 길에 따라왔다
공부 다 마칠 때까지 / 그곳에서 기다립니다.
이따금 동주가 공부하는 교실에까지 들어와
책상 밑에서 낮잠을 자기도 합니다.
부끄러움 많은 동주가
교문 밖으로 아무리 쫓아 보내려 해도 그때뿐
어느 새 자기 자리에 와 있습니다.
선생님들의 고함 소리도 소용이 없습니다.

친구들에게 밥을 한 숟가락씩
얻어먹은 센둥이가 어디론가 놀러 갔다
학교 파한 동주보다 앞장서서 집으로 돌아갈 때는
얼마나 늠름한지 모릅니다.
다리를 다쳐 골목길에 쓰러져 있던
강아지를 주워다 이렇게 키워놓은
동주가 엄마처럼 웃으며 뒤따라갑니다.

주제찾기

1. 시를 통해 전달하고자 하는 중심 내용은 어느 것입니까?

① 학교 길의 풍경
② 주인을 잘 따르는 개
③ 개와 사람이 주고받는 사랑
④ 친구들 사이의 우정
⑤ 인정 없는 도시인

제목찾기 2. 시의 제목을 붙여 보세요.

☐☐☐ ☐

사실이해 3. 시의 표현에 나타난 특징으로 알맞은 것은 무엇입니까?

① 흉내말을 반복하고 있다.
② 모양을 비틀어서 웃음을 자아낸다.
③ 비슷한 모양의 구절을 반복하고 있다.
④ 사람 아닌 것을 사람인 것처럼 보이게 한다.
⑤ 같거나 비슷한 것들을 긴 문장으로 늘어놓고 있다.

미루어알기 4. 아래의 표에는 시에 담긴 동주와 센둥이의 마음을 늘어놓았습니다. 시에 나타나는 순서를 따라 바로잡아 그 기호를 차례대로 쓰세요.

(가) 다른 사람에게 미안하고 부끄러운 동주의 마음
(나) 동주와 함께 있어 뿌듯해하는 센둥이의 마음
(다) 동주를 기다리며 깊은 정을 느끼는 센둥이의 마음
(라) 센둥이를 사랑스러워하는 동주의 마음

세부내용 5. 시를 읽고 떠올릴 수 있는 장면이 <u>아닌</u> 것은 어느 것입니까?

① 센둥이가 동주를 따라 학교에 와서 기다린다.
② 센둥이가 동주가 공부하는 교실의 책상 밑에서 잔다.
③ 센둥이를 교문 밖으로 쫓아 보내도 다시 교실로 돌아온다.
④ 센둥이가 동주보다 앞장서고 동주가 웃으며 센둥이를 따라간다.
⑤ 센둥이가 밥을 먹고 싶어 하여 동주가 친구 것을 빼앗아서 먹인다.

점수

1~5번 문제의 점수를 더하여 총점을 쓰고 165쪽의 표에 막대그래프로 표시하세요.

독해력 키움 | 52. 시 읽기(6)

잠 좀 자라
공부 좀 해라
네 방 청소 좀 해라
㉠제발.
뛰지 좀 마라
게임 좀 그만해라
텔레비전 좀 그만 봐라
군것질 좀 그만해라

엄마 잔소리 속에
꼭 끼어드는
좀좀좀좀.

주제찾기

1. 시의 내용 흐름을 알맞게 정리한 것은 어느 것입니까?

① 집 안의 일에서 집 밖의 일로
② '하라'에서 '하지 말라'는 것으로
③ 쉬는 시간에서 일을 하는 시간으로
④ 엄마의 잔소리에서 아빠의 잔소리로
⑤ 군것질에서 방 청소와 공부하는 일로

글감찾기

2. 무엇을 글감으로 하여 쓴 시인지 아래의 빈칸을 채워 밝히세요.

엄마의 □□□

사실이해

3. ㉠을 앞에 붙여서 어색한 말은 무엇입니까?

① 잠 좀 자라
② 공부 좀 해라
③ 뛰지 좀 마라
④ 게임 좀 그만해라
⑤ 엄마 잔소리 속에

미루어알기

4. 아래의 설명에 잘 어울리는 시행을 시에서 찾아 쓰세요.

> 소리를 흉내 내었다고 볼 수 있는 낱말을 반복할 뿐만 아니라, 그것도 갈수록 글자의 크기를 크게 늘어놓으면 특별한 효과를 올릴 수 있습니다. 엄마의 잔소리가 시간이 지날수록 크게 들리는 듯한 느낌을 받을 수 있습니다.

세부내용

5. 시의 모양으로 나타난 특징을 잘 설명한 것은 무엇입니까?

① 행의 길이가 길다.
② 연이 나누어져 있지 않다.
③ 연을 차지한 행의 길이가 같다.
④ 반복하는 낱말이 자주 나타난다.
⑤ 모양을 흉내 낸 말이 실감을 더한다.

점 수

1~5번 문제의 점수를 더하여 총점을 쓰고 165쪽의 표에 막대그래프로 표시하세요.

53. 시 읽기(7)

|평가요소| 1. ☐ 20점 | 2. ☐ 20점 | 3. ☐ 20점 | 4. ☐ 20점 | 5. ☐ 20점 |

169쪽 표의 해당하는 번호에 체크하세요.

하루 종일
골목골목 돌아다니며
손수레에 폐지 담는 할머니
내가 감기 몸살로 결석하자
일도 안 나가고
물수건으로 얼굴 닦아 주고
죽 먹여 주고 / 약 먹여 주고
이불까지 덮어 주고는
곁에서 걸레로 조용히 방을 닦는다
할머니 나 먹여 살리려면
일 나가야 하는데
딱 하루만 더 / 아프고 싶다

주제찾기

1. 시를 감상하면서 감동을 느끼기 위해 해야 할 알맞은 일을 서로 연결해 보세요.

| 시에 담긴 마음을 짐작하여 봅니다. | ● | ● | 내가 아플 때 엄마가 내 이마에 손을 얹으며 걱정해 주었던 일이 생각나네. |

| 시를 읽으면서 시의 장면을 떠올려 봅니다. | ● | ● | 할머니와 함께 있고 싶어서 더 아팠으면 좋겠다고 한 것 같아. |

| 자신의 비슷한 경험과 비교하여 봅니다. | ● | ● | 할머니께서 일도 못 나가시고 아픈 '나'를 돌보아 주고 계시네. |

글감찾기 2. 시에 등장하는 인물을 모두 찾아 쓰세요.

사실이해 3. 시에서 이야기가 본격적으로 시작되는 곳은 어디서부터입니까?

① 손수레에 폐지 담는 할머니
② 내가 감기 몸살로 결석하자
③ 물수건으로 얼굴 닦아 주고
④ 이불까지 덮어주고는
⑤ 할머니 나 먹여 살리려면

미루어알기 4. '나'의 마음을 차지하고 있는 가장 강한 느낌은 무엇입니까?

① 외로움
② 섭섭함
③ 두려움
④ 못마땅함
⑤ 부끄러움

세부내용 5. 시 속의 '나'는 어떤 상황에 놓여 있습니까?

① 골목골목 돌아다닌다.
② 손수레에 폐지를 담는다.
③ 감기 몸살로 결석한다.
④ 일을 나갈 수가 없다.
⑤ 가족을 먹여 살려야 한다.

점수

1~7번 문제의 점수를 더하여 총점을 쓰고 165쪽의 표에 막대그래프로 표시하세요.

독해력 키움 | 54. 시 읽기(8)

| 평가요소 | 1. ☐ 20점 | 2. ☐ 20점 | 3. ☐ 20점 | 4. ☐ 20점 | 5. ☐ 20점 |

169쪽 표의 해당하는 번호에 체크하세요.

우린 목욕탕에 다 가도록 싸웠어.
윗도리를 벗고, 바지를 내릴 때까지도.
형은 내 참외 배꼽을 보고 웃고
난 형 오리 궁둥이 보고 콧방귀 뀌고.

㉠우린 등을 돌렸어.
몸을 닦다가도 눈을 흘기고.
그릇도 탕탕 내려놓고.

우린 엉덩이를 쳐들고 머리를 감았어.
형과 내 엉덩이가 닿았을 땐
샴푸 거품도 톡톡 터졌지.
때를 밀다가 형 다리가 내 몸에 닿았을 땐

찌릿, 전기까지 통했다니까.

그런데…….

형이 말없이 내 등을 밀어 주는 거야.
나도 형 등을 밀어 주었지.

집에 갈 땐 어깨동무를 했어
바람도 긴 팔로 우리 목을 감았지.

주제찾기

1. 시의 주요 내용을 아래의 표로 정리했습니다. 화해가 시작되는 연은 몇 연부터인지 그 숫자를 쓰세요.

형제가 다툼 → 형제가 화해함

제목찾기 2. 아래의 빈칸을 채워 시에 알맞은 제목을 붙여 보세요.

형과 □□□ 다녀오기

사실이해 3. 시에서 말하는 사람(화자)에 대한 설명으로 바르지 않은 것은 무엇입니까?

① '나'이다.
② 동생이다.
③ 목욕을 했다.
④ 너그러운 성품이다.
⑤ 형과 사이가 좋은 편이다.

미루어알기 4. ㉠의 이유로 알맞은 것은 무엇입니까?

① 싸웠기 때문에　　　　　　② 눈이 아팠기 때문에
③ 등을 밀어야 했기 때문에　　④ 형의 엉덩이가 닿았기 때문에
⑤ 서로의 다리가 몸에 닿았기 때문에

세부내용 5. 시의 내용 흐름이 어떤 특징을 보여 줍니까?

① 한 곳에 머물러 장면을 그리고 있다.
② 일이 있었던 순서대로 펼쳐지고 있다.
③ 장소를 이동하며 한 장면을 그리고 있다.
④ 여러 곳에서 일어났던 일을 겹쳐 말하고 있다.
⑤ 오랜 시간 동안 일어났던 일을 간단히 펼쳐 보인다.

1~5번 문제의 점수를 더하여 총점을 쓰고 165쪽의 표에 막대그래프로 표시하세요.

점수

독해력 키움 | 55. 시 읽기(9)

평가요소 1. ☐ 20점 | 2. ☐ 15점 | 3. ☐ 15점 | 4. ☐ 15점 | 5. ☐ 15점 | 6. ☐ 20점

169쪽 표의 해당하는 번호에 체크하세요.

> 바위 틈새 속에서
> 쉬지 않고 송송송.
>
> 맑은 물이 고여선
> 넘쳐흘러 졸졸졸.
>
> 푸고 푸고 다 퍼도
> 끊임없이 송송송.
>
> 푸다 말고 놔두면
> 다시 고여 졸졸졸.

주제찾기 1. 시에서 말하는 이에 대한 설명으로 알맞은 것은 무엇인가요?

① 경치를 물끄러미 바라보고 있다.
② 산을 오르다가 샘물을 마시고 있다.
③ 샘물의 아름다운 모습에 놀라워하고 있다.
④ 맑은 샘물을 퍼서 친구들에게 나누어 주고 있다.
⑤ 샘물이 다시 고일 때까지 하염없이 기다리고 있다.

글감찾기 2. 시의 글감을 아래와 같이 설명하고자 합니다. 빈칸에 알맞은 낱말을 쓰세요.

> 이 시는 산의 바위 틈새로 흘러넘치는 ☐☐을 읊은 것입니다.

사실이해   **3.** 시에서 반복되고 있는 말을 모두 찾아 쓰세요.

미루어알기   **4.** 시를 읽고 떠올린 느낌으로 알맞은 것은 무엇입니까?

① 기쁘다.
② 시원하다.
③ 슬프다.
④ 답답하다.
⑤ 뜨겁다.

세부내용   **5.** 시의 모양이 보여 주는 특징을 가장 잘 설명한 것은 어느 것인가요?

① 쉴 새 없이 말을 길게 이어가고 있다.
② 짤막하게 끊었다가 길게 이어가고 있다.
③ 각 연에서 행의 길이가 갈수록 길어지고 있다.
④ 짧은 행과 긴 행이 모여서 4개 연을 이루고 있다.
⑤ 모든 연이 2행씩으로 되어 있고 행의 길이가 같다.

적용하기   **6.** 시의 내용을 연에 따라 나누어 아래와 같이 정리해 보았습니다. 빈칸에 알맞은 말을 채우세요.

1연	바위틈새에서 샘물이 ①□□해서 솟아나는 모습
2연	맑은 물이 고여서 졸졸 ②□□넘치는 모습
3연	계속 퍼도 ③□□이 솟아나는 모습
4연	고여 있던 ④□□이 흘러가는 모습

점수

1~6번 문제의 점수를 더하여 총점을 쓰고 165쪽의 표에 막대그래프로 표시하세요.

회차별 점수표 1 [01~25]

1. 설명하는 글 읽기 (평균 점수 _____ 점)

- 각 회차에서 얻은 점수를 막대그래프로 그리고, '1 설명하는 글 읽기'의 평균 점수를 써 넣으세요.
- 평균 이하의 점수가 나온 회차에서는 어떤 유형이 왜 틀렸는지 따져 보세요.

회차 \ 점수	이론부터 알아보고 많이 읽기				설명하는 글 많이 읽기				뜻을 유추할 만한 부분 찾아 보기				완성을 위해 꼭 남긴 결말			
	10	15	20	25	30	35	40	45	50	55	60	65	70	75	80	85	90	95	100
01																			
02																			
03																			
04																			
05																			
06																			
07																			
08																			
09																			
10																			
11																			
12																			
13																			
14																			
15																			
16																			
17																			
18																			
19																			
20																			
21																			
22																			
23																			
24																			
25																			

회차별 점수표 2 [26~34]

2. 설득하는 글 읽기 (평균 점수 _____ 점)

- 각 회차에서 얻은 점수를 막대그래프로 그리고, '2 설득하는 글 읽기'의 평균 점수를 써 넣으세요.
- 평균 이하의 점수가 나온 회차에서는 어떤 유형이 왜 틀렸는지 따져 보세요.

회차\점수	이론부터 익히고 많이 읽기	설득하는 글 많이 읽기	말하고자 하는 바를 확정 보완	완성을 위해 남기는 한 걸음
26				
27				
28				
29				
30				
31				
32				
33				
34				
점수	10 15 20 25	30 35 40 45	50 55 60 65	70 75 80 85	90 95 100

회차별 점수표 3 [35~46]

3. 이야기 글 읽기 (평균 점수 _____ 점)

- 각 회차에서 얻은 점수를 막대그래프로 그리고, '3 이야기 글 읽기'의 평균 점수를 써 넣으세요.
- 평균 이하의 점수가 나온 회차에서는 어떤 유형이 왜 틀렸는지 따져 보세요.

회차\점수	이론부터 익히고 많이 읽기	많이 읽기	하여 많아 한편	완성을 위해 남은 한 걸음
35				
36				
37				
38				
39				
40				
41				
42				
43				
44				
45				
46				
점수	10 15 20 25	30 35 40 45	50 55 60 65	70 75 80 85	90 95 100

회차별 점수표 4 [47~55]

4. 시 읽기 (평균 점수 _____점)

- 각 회차에서 얻은 점수를 막대그래프로 그리고, '4 시 읽기'의 평균 점수를 써 넣으세요.
- 평균 이하의 점수가 나온 회차에서는 어떤 유형이 왜 틀렸는지 따져 보세요.

회차\점수	이론부터 익히고 많이 읽기				시 많이 읽기				말할 내용 먼저 떠올려 보기				완성을 위해 남은 것을			
47	10	15	20	25	30	35	40	45	50	55	60	65	70	75	80	85	90	95	100

(점수 축: 10 15 20 25 30 35 40 45 50 55 60 65 70 75 80 85 90 95 100)

회차: 47, 48, 49, 50, 51, 52, 53, 54, 55

유형별 진단표 1

1. 설명하는 글 읽기 [01~25]

- 각 회차의 유형에 정답을 맞혔으면 해당하는 칸에 'O'를, 틀렸으면 'X' 하세요.
- 표의 하단에 유형별 총점을 써넣으세요.
- 자주 틀리는 유형이 한눈에 보이므로 자신의 부족한 유형을 알고 보완하여야 합니다.

	유 형						
	주제찾기 1	제목(글감)찾기 2	사실 이해 3	미루어 알기 4	세부내용 5	적용하기 6	요약하기 7
1							
2							
3							
4							
5							
6							
7							
8							
9							
10							
11							
12							
13							
14							
15							
16							
17							
18							
19							
20							
21							
22							
23							
24							
25							
회차 총점							

※ 주제찾기 1~ 세부내용 5 유형은 문항당 4점씩입니다.

※ 적용하기 6 유형은 문항당 7점+기본점수 2점을 계산하세요.

※ 요약하기 7 유형은 문항당 10점+기본점수 10점입니다.

유형별 진단표 2

2. 설득하는 글 읽기 [26~34]

- 각 회차의 유형에 정답을 맞혔으면 해당하는 칸에 'O'를, 틀렸으면 '×' 하세요.
- 표의 하단에 유형별 총점을 써넣으세요.
- 자주 틀리는 유형이 한눈에 보이므로 자신의 부족한 유형을 알고 보완하여야 합니다.

	유 형						
	주제찾기 1	제목(글감) 찾기 2	사실 이해 3	미루어 알기 4	세부내용 5	적용하기 6	요약하기 7
26							
27							
28							
29							
30							
31							
32							
33							
34							
회차 총점							

※ 주제찾기 1 ~ 세부내용 5 유형은 문항당 10점+기본점수 10점입니다.
※ 적용하기 6 유형은 문항당 12.5점입니다.
※ 요약하기 7 유형은 문항당 14점+기본점수 2점입니다.

유형별 진단표 3

3. 이야기글 읽기 [35~46]

- 각 회차의 유형에 정답을 맞혔으면 해당하는 칸에 'O'를, 틀렸으면 '×' 하세요.
- 표의 하단에 유형별 총점을 써넣으세요.
- 자주 틀리는 유형이 한눈에 보이므로 자신의 부족한 유형을 알고 보완하여야 합니다.

	주제찾기 1	제목(글감) 찾기 2	사실 이해 3	미루어 알기 4	세부내용 5	적용하기 6	요약하기 7
35							
36							
37							
38							
39							
40							
41								
42							
43							
44							
45							
46							
회차 총점							

※ 주제찾기 1~세부내용 5 유형은 문항당 8점+기본점수 4점입니다.

※ 적용하기 6 유형은 문항당 12.5점입니다.

※ 요약하기 7 유형은 문항당 10점+기본점수 10점입니다.

유형별 진단표 4

4. 시 읽기 [47~55]

- 각 회차의 유형에 정답을 맞혔으면 해당하는 칸에 'O'를, 틀렸으면 'x' 하세요.
- 표의 하단에 유형별 총점을 써넣으세요.
- 자주 틀리는 유형이 한눈에 보이므로 자신의 부족한 유형을 알고 보완하여야 합니다.

	유 형				
	주제찾기 1	제목(글감) 찾기 2	사실 이해 3	미루어 알기 4	세부내용 5
47					
48					
49					
50					
51					
52					
53					
54					
55					
회차 총점					

※ 문항당 10점+기본점수 10점입니다.

영역별 평균 총점수 [01~55]

• 각 영역별 평균 점수를 막대그래프로 그리세요.

	이론부터 다시 익히고 많이 노력하세요.	여러 글을 읽고 좀 더 노력하세요.	취약 유형이나 약점을 보완하세요.	완성을 위해 틀린 문항을 한번 더 학습하세요.
1 설명하는 글 읽기 [01~25]				
2 설득하는 글 읽기 [26~34]				
3 이야기 글 읽기 [35~46]				
4 시 글 읽기 [47~55]				
점수	10 15 20 25	30 35 40 45	50 55 60 65	70 75 80 85	90 95 100

영역별 유형 총점수 [01~55]

• 해당하는 칸에 영역별 유형 총점을 써 넣으세요.

	유 형						
	주제찾기 1	제목(글감) 찾기 2	사실 이해 3	미루어 알기 4	세부내용 5	적용하기 6	요약하기 7
1 설명하는 글 읽기 [01~25]							
2 설득하는 글 읽기 [26~34]							
3 이야기 글 읽기 [35~46]							
4 시 글 읽기 [47~55]							
영역별 점수							

정답 및 해설

01 설명하는 글 읽기(1)

18~19쪽 정답

1. ①   2. 지도   3. ④   4. 글자
5. ① 나무줄기, ② 동물의 가죽

해설
1. 옛날 사람들이 그린 지도 중, 점토판 지도에 초점을 맞추어 설명하고 있다.
2. 글자가 만들어지기 이전, '옛날 사람들이 그린 지도'가 글감이다.
3. 점토판 지도 중 남아 있는 것으로 가장 오래된 바빌로니아의 지도는 문자가 없던 시대에 만들어져서 그림에 가깝다고 설명하고 있다.
4. 둘째 문단의 끝에 나오는 '글자가 만들어지기 이전'과 가장 비슷한 뜻이다.
5. 셋째 문단에 자세히 설명하고 있는 지도들이다.

02 설명하는 글 읽기(2)

20~21쪽 정답

1. ① 준비물, ② 규칙   2. 방법   3. ④
4. ③   5. ①

해설
1. (나)에서 준비물을 나열하고, (라)에서는 실제 널뛰기의 방법과 규칙을 설명하고 있다.
2. 첫 문단이 널뛰기 유래이고, 그 이하는 방법이다.
3. 널의 중앙에 앉은 사람은 널이 쏠리지 않도록 균형을 잡아주는 사람이다.
4. 널뛰기, 제기차기, 쥐불놀이 등은 우리민족에게 오래 전부터 이어져 온 것으로 명절에 하는 놀이를 일컫는다.
5. 널뛰기에서 이기기 위해 어떻게 해야 하는지는 (라)에서 잘 알 수 있다.

03 설명하는 글 읽기(3)

22~23쪽 정답

1. ⑤   2. 안내 방송   3. ③   4. ②
5. 불편, 궁금

해설
1. 첫 문단 둘째 문장에 나와 있다.
2. 글의 첫머리를 읽어보면 알 수 있다.
3. 밑줄 친 문장에 이어지는 다음 문장에 이유가 나타나 있다.
4. 놀이동산에서 주의 깊게 들어야 할 내용이다.
5. 놀이동산 도우미나 안내소를 찾아야 할 때는 불편함을 느끼거나 궁금한 일이 생길 때이다.

04 설명하는 글 읽기(4)

24~25쪽 정답

1. 교류   2. ③   3. ②   4. ④
5. ① 축제, ② 학생, ③ 방문, ④ 학교

해설
1. 글에서 가장 자주 나타난 낱말이 '교류'이다.
2. 지역사이의 교류를 설명하면서 부산광역시와 다른 시들의 교류 방식을 예로 들어 설명하고 있다.
3. 첫 문단에서 의문문으로 묻고, 거기에 답하는 방식으로 내용을 전개하고 있다.
4. 글의 첫 문장에 그대로 나타나는 내용이다.
5. 셋째 문단의 내용을 정리하면 된다.

05 설명하는 글 읽기(5)

26~27쪽 정답

1 ④   2 ① 물질, ② 상태   3 ③   4 ①   5 ③

해설

1. 자동차가 고체, 액체, 기체라는 여러 가지 상태의 물질로 만들어졌음을 중심 내용으로 삼았다.
2. 여러 가지 물질의 상태를 자동차에 있는 것들을 예로 들면서 설명하고 있는 글이다.
3. 고체, 액체, 기체의 성질이 어떠한지 종류를 나누어 설명한 다음, 각각에 속하는 예를 들어나가고 있다.
4. 비행기 역시 여러 가지 물질로 만들어진다.
5. '운반하는'은 '옮겨서 나르는'이라는 뜻이고, '방지하기'는 '막아내기'라는 뜻이다. 각각 대신 넣어보면 이런 뜻임을 알 수 있다.

06 설명하는 글 읽기(6)

28~29쪽 정답

1 생김새, 특징   2 ①   3 ④
4 ①   5 ③

해설

1. 글의 첫 문장에 주요 내용을 밝혀 놓았다.
2. 동물을 본떠 만든 로봇에 대해 읽는 사람들이 이해하기 쉽도록 설명하는 글
3. '스틱 카봇'은 '도마뱀붙이'를 본뜬 로봇이다.
4. 설명하는 글은 새로운 어떤 사실을 알기 쉽게 설명하여 읽는 이가 이해하기 쉽도록 쓰는 글이다. 이글은 '로봇의 모양과 특징'에 대해 알기 쉽게 설명하고 있다.
5. '해저'는 '바다 밑'이고 '인체'는 '사람 몸'이다.

07 설명하는 글 읽기(7)

30~31쪽 정답

1 ④   2 화석   3 얼음, 호박, 규화목
4 ③   5 ①

해설

1. 화석이 보존되는 여러 가지 방법과 모습에 대해 설명하고 있다.
2. 글에서 여러 번 반복해서 나타난 낱말이 중심 낱말이다. 설명하려는 것이 무엇인지 생각해 보자.
3. 동물의 화석으로 얼음 속에 언 채 발견된 '매머드'를 들었고, 식물의 화석을 다시 '호박'과 '규화목'으로 나누어 설명하고 있다.
4. 송진이 땅에 스며들어 오랜 시간이 지나 굳어 만들어진 호박 화석 속에는 나무에 살던 곤충이 함께 굳은 경우가 있다고 했다.
5. '매머드', '규화목'을 각각 예로 들고 있다.

08 설명하는 글 읽기(8)

32~33쪽 정답

1 먹이를 먹는 방법   2 ③   3 ③   4 ③
5 ①

해설

1. 첫 문단에 중심 내용이 무엇인지 밝혀두었다.
2. 이가 없는 동물들의 먹이 활용 방법을 여럿 예를 들어 내용을 쉽게 이해할 수 있도록 했다.
3. 이가 없는 동물들의 먹이 활동 방법을 예를 여럿 들어 설명하고 있다.
4. 카멜레온과 두꺼비 중 어느 쪽이 먹이를 많이 먹는지 알 수 있는 내용이 글에는 없다.
5. '달팽이'는 '혀'로 먹이를 먹는 사례이고, '치설'이라는 한자어와 관련 있는 특수한 혀이다.

정답 및 해설

09 설명하는 글 읽기(9)

34~35쪽 정답

1 재활용   2 ④   3 ③   4 ③
5 ①

해설

1. 페트병으로 옷을 만들 수 있다는 내용으로부터, 페트병과 같은 폐기물을 재활용하여 옷과 같은 생활에 유용한 물건을 만들 수 있다는 내용을 떠올릴 수 있다.
2. 페트병으로 옷을 만든 사례를 들고, 그 방법을 설명한 다음, 그런 옷의 장점도 들고 있다.
3. 2010년 페트병으로 처음 옷을 만들었다는 내용은 글에 나오지 않으며, 떠올릴 수도 없다.
4. (다)는 페트병으로 옷을 만드는 방법을 순서대로 펼쳐 보이고 있다.
5. ㉠은 (다)의 내용과 관련되는 내용의 낱말을, ㉡은 그 앞의 '땀'과 관련되는 작용을 뜻하는 낱말을 떠올려 보면 된다.

10 설명하는 글 읽기(10)

36~37쪽 정답

1 ④   2 높임말   3 4   4 ④
5 ① 진지, ② 좋습니다, ③ -께서, ④ 시
6 ①

해설

1. '높임말을 쓰지 말아야 할 때'는 글의 내용이 아니다.
2. 중심 낱말은 글에서 여러 번 반복해서 나타난다.
3. ① 높임의 뜻을 지닌 낱말, ② 문장을 '-습니다.'로 끝내는 방법, ③ '-께, -께서'를 붙이는 방법, ④ '-시-'를 넣는 방법
4. '할아버지께 세배를 드렸다'에서 할아버지는 듣는 사람이 아니다.
5. 둘째 문단에 나타난 대로이다.
6. '할아버지'에 '-께'를 붙이고, 높임의 뜻이 있는 낱말 '드리다'를 선택하여 높임을 나타내고 있다.

11 설명하는 글 읽기(11)

38~39쪽 정답

1 첨단 진료   2 ②   3 ⑤
4 ④   5 ⑤   6 건강, 안전

해설

1. 셋째 문단에 주제에 해당하는 어구가 나온다.
2. 글감이 무엇인지 선택지를 모두 보고 고른다.
3. '스마트폰으로 물건을 사는 장면'이 직접 그려지지는 않았다.
4. 새로운 의사소통 수단에 의해 '집에 있으면서 의사의 도움을 받을 수 있다.'는 생각을 해 볼 수 있다.
5. 단어나 어구가 가리키는 내용은 바로 앞에 놓인다.
6. 둘째 문단까지 새로운 의사소통 수단에 의한 첨단 진료 형태를 자세히 말하고 셋째 문단에서 이것이 사람들의 삶에 어떤 도움을 줄 수 있는지 말하는 식으로 글이 펼쳐졌다. 새로운 의사소통의 수단으로 인하여 (외국에 있는 의사와 의견을 들으며) 수술하는 것은 어떤 잇점이 있는가 생각해 보자.

12 설명하는 글 읽기(12)

40~41쪽 정답

1 장신구, 생활상   2 노리개, 쓰임
3 ②   4 ③   5 ⑤

해설

1. 글의 주요 내용을 끝 문단에서 요약하고 있다.
2. 글의 제목은 '노리개의 여러 가지 쓰임'이다.
3. 노리개는 농사와 같은 일상생활과 거리가 먼 물건이었다.
4. 노리개, 신발 등은 의생활에 속하는 물건들이다. 노리개는 지금 거의 사용하고 있지 않으며, 신발은 시대에 따라 변해 왔음을 확인할 수 있다.
5. 사전에서 찾아보면 뜻을 확인할 수 있다. 하지만 사전 없이 앞에 놓인 글을 두고 글 안에서 처음 보는 낱말의 뜻을 스스로 알아낼 수 있는 힘을 키워야 읽는

힘을 크게 키워나갈 수 있다. 모르는 낱말의 앞이나 뒤에 나온 다른 말과 연결해 가면서 뜻을 떠올리는 습관을 길러야 한다.

13 설명하는 글 읽기(13)

42~44쪽 정답

1. ① 원리, ② 고속도로, ③ 공기, ④ 땅
2. 소리   3. ⑤   4. ①   5. ③
6. ②

해설

1. 두 편의 글이 모두 앞에서 원리를 설명하고 이어서 사례를 들어 이해를 돕는 구조를 보여 준다.
2. (가)는 '소리를 연주하는 도로', (나)는 '소리의 경로'을 중심 내용으로 다루고 있다.
3. (가)에는 자동차가 시속 100km보다 빨리 달릴 때와 느리게 달릴 때 들을 수 있는 소리가 달라진다는 설명이 있다.
4. 빠르게 지나가면 높고 빠른 소리를 들을 수 있다고 했으니 반대로 생각하면 된다.
5. 뼈와 근육을 통해서도 들을 수 있는 소리이니 유난히 크게 들리게 된다.
6. 소리가 벽을 타고 왔다면 바로 윗집 이외에 위층의 옆집이나 아래층에서 온 것일 수도 있다.

14 설명하는 글 읽기(14)

45~47쪽 정답

1. ①   2. 생활   3. ④
4. ③   5. ③   6. ① 북쪽, ② 남쪽

해설

1. (가) 기후에 따라 생활모습이 다르다. [전제]
   (나), (다) 기후에 따라 옷이 다르다. [예시 1]
   (라) 기후에 따라 음식이 다르다. [예시 2]
   (마) 기후에 따라 집도 다르다. [예시 3]
   (바) 우리 생활은 기후와 관계 깊다. [결론]
2. 기후와 생활의 관계를 설명한 글이다.
3. (가)가 머리, (나), (다), (라), (마)가 몸통, (바)가 맺음이다.
4. '기후에 따라 입는 옷이 달라집니다.'라는 첫머리의 중심 문장을 자세히 항목으로 나누어 설명하고 있다.
5. 이 말로 앞과 뒤를 이으면 앞 선 내용을 요약하게 된다.
6. 소금을 더 많이 넣었을 때의 결과를 떠올려 본다.

15 설명하는 글 읽기(15)

48~50쪽 정답

1. ①   2. 묵, 떡   3. ⑤   4. ②
5. ③   6. 무늬   7. ① 청포묵, ② 찌는, ③ 지지는

해설

1. 전통 음식을 소개한 글이라면 '음식 문화'라 할 수 있다.
2. 우리나라 전통 음식 두 가지를 찾는다.
3. '이야기'라면 인물이 등장하고 사건이 있어야 하는데 그런 내용은 글에 없다.
4. 글의 첫머리에 잘 나타나 있다. ①, ⑤는 모양새, ④있으나마나한 존재는 아니라고 했다.
5. 떡을 농사와 관련하여 그 중요성을 강조한 까닭을 생각해 본다.
6. '떡살'을 설명하면서 반복한 낱말을 찾는다.
7. 각각의 음식에 속하는 종류를 정리한다.

16 설명하는 글 읽기(12)

51~53쪽 정답

1. ③   2. 된장   3. ③   4. ④
5. ①   6. ① 메주, ② 발효, ③ 소금물
7. ① 메주 담그기, ② 느낌

정답 및 해설

해설
1. 할머니 댁을 방문해서 된장찌개 이야기가 나와서 된장 담그는 방법을 알아보기로 한 것이다.
2. 된장 만드는 방법을 설명하고 있다.
3. 습기가 많은 눅눅한 곳에 둔다는 내용은 떠올릴 수 없다. (따뜻한 방에서 말립니다.)
4. 다음 문장에 이유를 알 수 있는 내용이 이어진다.
5. 덩어리 진 것을 일정한 모양으로 만드는 것을 '빚다'라고 하고, 발효가 되도록 묵혀 두는 것을 '띄우다'라고 한다.
6. 내용에 맞게 (나) 나오는 낱말을 찾아 넣으면 된다.
7. (가)는 글의 머리말이고, (다)는 맺음말이다.

17 설명하는 글 읽기(17)

54~56쪽 정답

1 ④   2 갯벌   3 ⑤   4 ③
5 ②   6 우리

해설
1. 갯벌에서 일하는 모습과 생물들, 그리고 아이들의 놀이 장소와 놀이 모습을 그려내고 있다.
2. 주요 인물들의 활동 공간이 반복되어 나타난다.
3. '굴도 따고 게도 잡고 바지락도 캐고 파래도 뜯지요.'라고 했다.
4. 질퍽거리며 놀았으니 '개펄'이다.
5. 배경이 먼저 소개되고 인물이 등장하여 활동하는 갈래는 '이야기'이다.
6. '나'를 포함한 여러 사람이 겪은 일이라서 '우리'로 표현하면 된다.

18 설명하는 글 읽기(18)

57~59쪽 정답

1 ①   2 나무   3 ③   4 ④
5 ⑤   6 해설 참고   7 ① 울타리, ② 가로수, ③ 뽕나무, ④ 버드나무

해설
1. 한 문단 속에 여러 가지 내용이 섞여 있기도 하지만 나무의 특성과 쓰임새를 주된 내용으로 삼았다.
2. 나무에 관해 우리가 몰랐던 것들을 자세히 설명하고 있는 글이다.
3. 나무는 무르고 부드러워서 다루기가 쉽고 갖가지 모양으로 쉽게 깎을 수 있다고 했다.
4. 어려워 이해할 수 없는 내용일지라도 이해하려는 노력을 하며 읽어야 한다.
5. 나무 이름을 가리키는 대상과 관련하여 지었음. ⑤는 '오리나무'

6.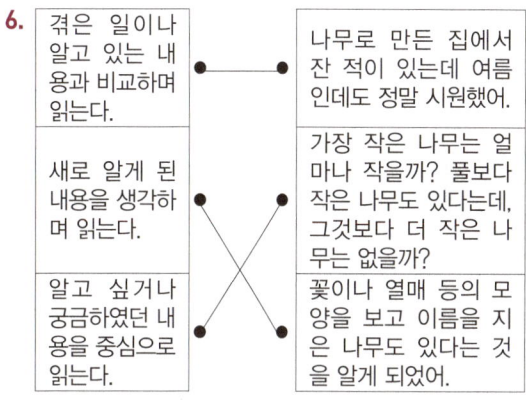

7. 넷째와 다섯째 문단의 세부 내용을 찾는다.

19 설명하는 글 읽기(19)

60~62쪽 정답

1 꽃, 음식(요리)   2 ②   3 ④
4 ③   5 ①   7 ① 화전, ② 화채, ③ 암술, ④ 수술

해설
1. 꽃으로 해 먹을 수 있는 음식(요리)에 관한 글이다.
2. 철쭉꽃은 먹을 수 없어서 '개꽃'이라 부른다고 했다.
3. 전부가 아니라, 암술, 수술, 꽃받침은 제거하고 요리해야 한다고 했다.
4. ③을 제외한 나머지 내용은 글에서 다 알 수 있다.
5. 눈으로 보고 입으로 먹으며 즐겼다는 뜻이다.
7. 첫 두 문단에 대표적인 음식을 소개하였고, 5문단에서 꽃으로 음식을 만들 때 주의할 점을 설명하였다.

20 설명하는 글 읽기(20)

정답 (63~65쪽)

1. ① 방법, ② 가치(의의)
2. 장치기 놀이   3. ④   4. ③
5. ②   6. ⑤   7. 설명, 때, 방법, 좋은

해설

1. 넷째 문단까지는 장치기의 방법이 중심 내용이고, 마지막 문단은 그 놀이를 하면 좋은 점을 들었다.
2. 전통 민속놀이를 자세히 설명하였다.
3. 작대기를 채로 삼아 나무공이를 공으로 여겨서 골문에 넣는 놀이라고 하였다.
4. 장치기 놀이는 설날이나 추석과 같은 명절에 놀이장과 놀이 기구를 갖추어 놓고 하는 놀이였다.
5. 낱말의 뜻을 생각해 보면, '장치기'는 '장'과 '치기'로 나눌 수 있다. 하지만 '막대기'는 이런 식으로 나누어지지 않는다.
6. 놀이의 방법에 관한 내용을 이 글처럼 말로만 늘어놓아서는 이해가 어렵다. 놀이를 하는 모습의 사진이나 그림을 보여주면 이해가 한결 쉬워진다.
7. 기호를 붙여 설명한 내용을 순서에 따라 정리해 본다.

21 설명하는 글 읽기(21)

정답 (66~68쪽)

1. ⑤   2. 빵   3. 밀가루, 소금, 효모, 물
4. ⑤   5. ③   6. ④
7. ① 반죽하기, ② 발효, ③ 굽기

해설

1. '빵을 만드는 과정'에 대한 설명이 대부분을 차지하고 있는 글이다.
2. 빵이 처음에 어떻게 만들어졌는지, 빵의 재료는 무엇이며 어떤 종류가 있는지, 만드는 과정은 어떠한지 등에 관해 설명하고 있다.
3. 그 밖의 재료는 꼭 필요한 것이 아니고 더 넣어서 여러 가지 다른 빵을 만들 때 사용한다.
4. 공기 중이나 과일 속에도 있다.
5. 우유를 발효시키면 요구르트가 된다.
6. 사진, 그림은 보이지 않는다.
7. 가장 중요한 단계 셋을 빈칸으로 남겨두었다.

22 설명하는 글 읽기(22)

정답 (69~71쪽)

1. ①   2. 바닷속 동물   3. ④
4. ⑤   5. 산호   6. 해설 참고
7. ① 말, ② 빨판, ③ 무리, ④ 모양

해설

1. 네 가지 동물의 생김새가 모두 첫 머리에 나온다.
2. 네 가지의 바닷속 동물을 자세히 설명한 글이다.
3. '오징어'는 돌고래의 먹잇감으로 이름만 나온다.
4. 바닷속에 사는 동물에 대해 몰랐던 것을 새롭게 알 수 있다.
5. (나)에서 설명한 동물이다.

6.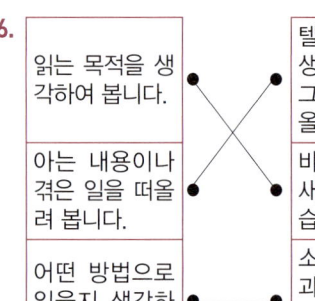

7. 해당하는 동물의 설명에 자세히 나오는 내용이다.

23 설명하는 글 읽기(23)

정답 (72~74쪽)

1. ①   2. 화가   3. ⑤
4. (가) → (다) → (나) → (라)   5. ①
6. (가) → (다) → (나)

정답 및 해설

해설
1. 글 앞에 그림이나 사진을 두고 그와 관련된 내용이 펼쳐지면 이해하기가 훨씬 쉬워진다.
2. 서양의 유명한 두 화가가 그린 명화가 지닌 특징과 화풍을 설명한 글들이다.
3. (가)의 끝 부분(끝에서 두 번째 문장)에 잘 드러나 있다.
4. 두껍게 물감을 칠해서 소용돌이와 굽이치는 풍경을 표현하도록 해야 한다.
5. 글 (나)에 가장 자주 나타난 낱말이다.
6. 물감을 칠하는 것이 끝 단계이다.

24 설명하는 글 읽기(24)

75~77쪽 정답

1. ①　2. 꼬리　3. ③　4. ④
5. 꼬리, 꽁지　6. ①　7. ① 늑대,
② 균형, ③ 캥거루, ④ 신호, ⑤ 젖소, ⑥ 풀잎

해설
1. 동물에 따라 꼬리가 하는 일이 다르다는 내용이 중심 내용이다.
2. 동물에 따라 꼬리가 어떤 일을 하는지 설명했다.
3. 글의 첫머리에 의문문으로 스스로 묻고, 그 물음에 답을 자세히 늘어놓는 방식으로 펼쳐나갔다.
4. 청설모와 치타가 꼬리로 무슨 일을 하는지에 대해서 글에 나와 있는 내용이 없다.
5. 보통은 이렇게 구별해서 쓴다.
6. ① 글의 첫머리에 동물이 꼬리로 이야기를 한다고 했다.
7. 글에서 문단별로 확인할 수 있는 내용이다.

25 설명하는 글 읽기(25)

78~80쪽 정답

1. 고무줄 옮기기 마술　2. 마술
3. 둥근 고무줄　4. ⑤　5. ②
6. ②　7. ① 집게손가락, ② 주황색, ③ 고무줄

해설
1. 설명하고자 하는 중심 내용이 무엇인지 1문단에 소개하고 있다.
2. 둥근 고무줄의 자리를 옮기는 마술을 설명한 글이다.
3. 2문단에 준비물이 소개되어 있다.
4. 여섯 번째 설명에 약속한 마술이 실현되고 있다.
5. 고무줄 색이 같으면 옮겨진 모습이 잘 드러나지 않는다.
6. 마술의 방법을 제대로 익히기 위해서는 순서를 잘 기억하면서 방법을 간추려야 한다.
7. 글의 첫 번째부터 여섯 번째까지와 대비해가면서 빈 칸을 채우면 된다.

26 설득하는 글 읽기(1)

81~83쪽 정답

1. 느낌, 감상문　2. ③　3. ①
4. ④　5. ⑤　6. ②
7. 해설 참고

해설
1. 글의 내용은 책을 읽고 느낀 점으로 되어 있다.
2. '자, 가위, 바늘, 실, 골무, 인두, 다리미' 등은 바느질할 때 사용하는 물건들.
3. 첫머리에 받는 사람과 첫인사를 쓰는 글의 형식은 편지이다.
4. 줄거리의 요약이나 사건을 설명한 부분은 책의 내용에 해당한다.
5. 생각이나 느낌이 읽은 사람이 떠올린 '감동'이다.

6. 앞선 문장이 책을 읽은 사람의 의견이고, 뒤따르는 문장은 이에 대한 근거이다.

7.
내용	붙임
아씨의 일곱 동무인 자, 가위, 바늘, 실, 골무, 인두, 다리미는 서로 자기가 중요하다며 싸우고 잘난 체하였어요.	○
저는 일곱 동무 모두가 중요하다고 생각합니다. 왜냐하면 그중에서 하나라도 없으면 바느질을 잘할 수 없기 때문입니다.	★
이 책을 읽으면서 공부할 때 저를 도와주는 고마운 동무들이 떠올랐습니다.	★
일곱 동무들이 잘난 체하고 서로 다툰다고 화를 내셨잖아요.	○
아씨, 저는 빨강 두건아씨께서 어떤 때에는 좀 무서운 분이시라고 느꼈습니다.	★
저도 늘 제 곁에서 공부를 도와주는 물건들을 동무처럼 생각하고 지내겠습니다. 그러면 외롭지도 않고 더욱 힘이 난다는 것을 알았으니까요.	★

27 설득하는 글 읽기(2)

84~86쪽 정답

1 ⑤ 2 띄어쓰기 3 ⑤
4 ② 5 ③ 6 해설 참고

해설

1. 띄어쓰기를 잘못해서 엄마, 아빠와 '나' 사이에 있었던 이상한 일을 이야기로 전하면서 띄어쓰기의 중요성을 강조했다.
2. 이 글은 무엇을 생각하고 쓴 글인가요?
3. 글의 마지막 문장에 글쓴이의 생각이 들어가 있다.
4. 마지막 문장을 보면 반성을 위한 글임을 알 수 있다.
5. 두 문장 모두 '가'를 앞말에 붙여 쓸 줄 몰라서 잘못을 저질렀다.
6. 거울은V 닦으면V 닦을수록V 깨끗해지고,V 글은V 다듬어V 고치면V 고칠수록V 좋아집니다.V 스스로V 쓴V 글을V 여러V 번V 고쳐V 쓰는V 습관을V 기르세요.

28 설득하는 글 읽기(3)

87~89쪽 정답

1 ① 2 울타리의 못 자국
3 듣기에 매우 좋지 않은 말(거친 말), 욕
4 ② 5 ② 6 ③

해설

1. 좋은 말하는 습관을 키워야 한다는 것이 핵심 내용이다.
2. 글의 첫 문장에 나온다.
3. 첫 문단에 모두 나온다.
4. 앞에 있는 '한 번 박힌 못은 쉽게 뽑히지 않지?'라는 비유적인 표현을 받아서 '이처럼'이라고 이으면 자연스럽다.
5. '한 번 한 말을 되돌릴 수 없음'을 비유적으로 표현한 것이다.
6. 글 전체의 핵심 내용인 훈화 부분이다.

29 설득하는 글 읽기(4)

90~92쪽 정답

1 ① 2 검정소와 누렁소 3 ①
4 ④ 5 ② 6 ⑤ 7 단점, 장점, 칭찬

해설

1. 남의 단점을 함부로 하지 말자, 칭찬을 자주 하자.
2. 첫 문단에 소개되어 있다.
3. 짐승의 단점조차 함부로 말하지 않을 만큼 조심성이 많다.
4. 어떤 말의 까닭은 그 말의 앞이나 뒤에 나타난다.
5. '숨은 일을 끄집어내서 드러나게 하다'라는 뜻의 낱말이 들어가야 한다.
6. 단점을 함부로 말하지 말아야 한다고 했지 단점을 말하면 안된다고는 안했다.
7. 글의 맨 마지막 문장에 요약되어 있다.

정답 및 해설

30 설득하는 글 읽기(5)

정답 93~95쪽

1. ① 체육 시간에는 피구 ② 교실에서 뛰지
2. 까닭(이유)   3. ③   4. ③
5. ③   6. ④
7. 글쓴이, 까닭(이유), 끝인사

해설

1. (가)는 체육시간에 피구를 하면 좋겠다고 의견을 말했으며, (나)는 교실에서 뛰지 말것을 주장하고 있다.
2. 부탁하는 내용을 뒷받침해서 부탁을 쉽게 받아들이도록 하기 위해서는 까닭을 구체적으로, 또 분명하게 밝혀야 한다.
3. ②번은 부탁하는 내용이다.
4. 논설문에서 목적으로 삼는 내용
5. 피구를 하자는 까닭을 말하기 위해서는 '많은 사람의 참여, 협동심 기르기' 등의 내용이 반드시 들어가야 한다.
6. 문제를 불러일으킨 사람은 '부탁'이라는 내용과 관련이 없다.
7. 각각의 단계에 반드시 들어가야 할 내용으로 정해져 있다.

31 설득하는 글 읽기(6)

정답 96~98쪽

1. ⑤   2. 긍정적인 생각   3. ⑤
4. ③   5. ①   6. ④   7. ① 교훈,
② 행복한, ③ 포기하지, ④ 긍정적인

해설

1. 첫 번째, 두 번째 다음에 두 가지 교훈을 말하고, 이어서 그 실천의 방법을 자세히 풀어서 말하여 교훈을 강조하고 있다.
2. 첫 문단에서 선생님이 약속으로 드러내었다.
3. ①, ②, ③은 닉아저씨의 모습에서, ④는 선생님 훈화에서 '첫 번째는 ~ 자신이 가지고 있는 좋은 점을 떠올리세요.'에서 알 수 있다.
4. 먹는 것을 참지 못하는 것은 자기 자신의 고칠 수 있는 기질의 문제이지 불행이라 하기 어렵다.
5. 닉이 장애를 딛고 활동하는 모습을 동영상으로 보여주었다면, 감동을 보다 크게 할 수 있다.
6. 중요하지 않은 내용까지 적을 여유는 없다.
7. 글에 나온 말로 빈칸을 채울 수 있다.

32 설득하는 글 읽기(7)

정답 99~101쪽

1. ① 좋은, ② 나쁜   2. 습관(버릇)   3. ⑤
4. ①   5. ①   6. ③   7. ① 절약,
② 약속, ③ 운동, ④ 의지

해설

1. 유익하고 바람직한 습관은 한마디로 줄이면 좋은 습관이다.
2. 가장 자주 나타난 낱말이다.
3. 특별한 나라와 관련된 내용은 보이지 않는다.
4. '어린왕자'에서 미루는 습관이 별을 낭패로 몰아간 예로 주장을 뒷받침했다.
5. 앞 문장이 '주장'이고, 뒤따르는 문장이 '이유'이다.
6. 시간이 있을 때 차근차근히 해두어야 한다. '나중에!, 나중에!' 대신 '지금!, 지금!'이라는 말을 사용해 보자고 했다.
7. 글에 나타나는 대로 옮겨 쓰면 된다.

33 설득하는 글 읽기(8)

정답 102~104쪽

1. ①   2. 예쁜 새 선발 대회   3. ①
4. ②   5. ⑤   7. 해설 참고

해설

1. 네 종류의 새들이 모두 깃털 자랑을 하면서 다른 자랑거리도 내세우고 있다.
2. 기자의 첫 대사에 소개되어 있다.
3. 기자는 질문만 하고 새들의 자랑을 듣는다.
4. 듣는 장소를 미리 찾아가도 별 도움을 받지 못한다.
5. 주장보다 그 주장을 뒷받침하는 까닭이 남의 인정을 받을 수 있어야 설득하는 힘이 강해진다.
7.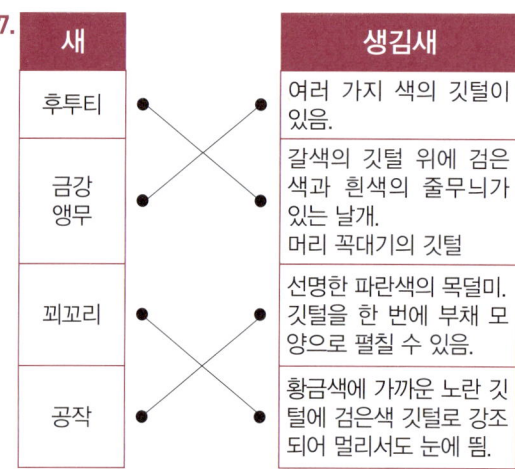

34 설득하는 글 읽기(9)

105~107쪽 정답

1 장승은 우리에게 고마운 친구야.　2 장승
3 ④　4 ⑤　5 ①　6 ②
7 ① 나그네, ② 경계, ③ 친근한, ④ 속담

해설

1. 글의 대부분이 사실을 적은 것이고 '장승은 우리에게 고마운 친구야'에서는 글쓴이의 의견을 밝힌 것이다. 다른 사람이라면 장승을 미신의 대상이라 하여 부정적으로 볼 수 있는데 글쓴이는 긍정적로 보고 있다.
2. 글쓴이가 첫 문단에 알기 쉽게 소개하고 있다.
3. 장승과 관련된 속담과 수수께끼의 관계는 나오지 않는다.
4. 키가 멋없이 큰 사람을 향해 하는 속담이라고 했다.
5. 앞의 문장에서 말한 내용이 왜 그런지 밝히고 있다.
6. 이글의 지은이의 생각은 마지막에 잘 나타나 있다.

7. 글에 나타난 순서대로 정리할 수 있다.

35 이야기 글 읽기(1)

108~110쪽 정답

1 ① 지혜로움, ② 심술　2 도깨비, 농부　3 ①　4 ④　5 옛날
6 ⑤　7 집 마당에 알밤을 깔아 놓음

해설

1. 이야기의 줄거리를 간추려보면, 도깨비는 심술궂고, 농부는 지혜로워요. 도깨비가 심술을 부릴 때마다 농부는 지혜롭게 받아넘겨서 오히려 이익을 얻어요.
2. 주요 등장인물 둘만 찾으면 된다.
3. 도깨비를 속이기 위해 마음을 감추고 상황과 반대되는 표정을 짓고 목소리를 내야 한다.
4. 남에게 훼방 놓기 좋아하고, 남 잘 되는 것을 못 보는 성격
5. 옛 이야기에서 시간적, 공간적 배경이 확실하게 정해지지 않은 경우가 많다.
6. 도깨비에게 속아 넘어가는 척 농부가 마음을 감추는 장면
7. 지혜로운 농부에게 속아 넘어가는 도깨비의 행동이 줄거리로 이어져야 한다.

36 이야기 글 읽기(2)

111~113쪽 정답

1 ④　2 역할　3 ①
4 ①　5 외갓집, 다락방　6 알 수도 있고 모를 수도 있다　7 ① 네눈박이, ② 소, ③ 양반, ④ 각시, ⑤ 할미

해설

1. 줄거리에도 반복해서 나온다. 탈을 쓰면 아무도 자신이 누구인지 알아보지 못하리라고 생각해서 놀이를 하고 있는 모습이 가장 인상적이다.

정답 및 해설

2. 쓰게 되는 탈의 종류에 따라 거기에 걸맞은 역할을 해 보이고 있다.
3. 이어지는 구절에 나오듯이 아빠, 엄마가 약속을 어겼기 때문에 심술이 났다.
4. 건이의 심술과 건이의 탈을 쓰고 이런 저런 역할을 해 보는 일이 소개되었다.
5. '건이'가 탈로 역할 놀이를 하는 곳.
6. 언제, 어디서, 또 누구 앞에서 해 보이는가에 따라 알 수도 있고 모를 수도 있다.
7. 네눈박이, 소, 양반, 각시, 할미

37 이야기 글 읽기(3)

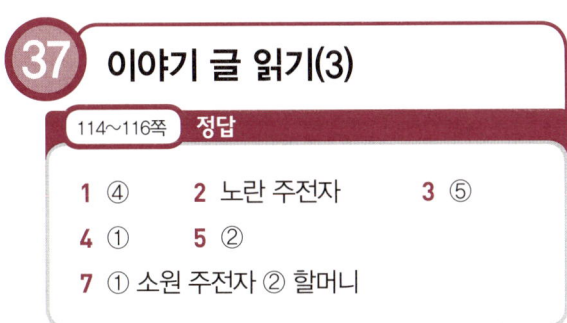

114~116쪽 정답

1 ④   2 노란 주전자   3 ⑤
4 ①   5 ②
7 ① 소원 주전자 ② 할머니

해설

1. 노란 주전자에서 할머니의 모습을 떠올려 무서움을 떨치고 다시 편한 잠을 잘 수 있었다는 내용이 가장 중요하다.
2. '노란 주전자'를 중심으로 하여 나경이네 가족에게 있었던 이야기가 펼쳐질 수 있었다.
3. 나오는 사람이 '나경이', '엄마', '할머니' 등으로 불러지는 것으로 보아 이야기를 전하는 사람은 작품의 밖에 있다.
4. 먹고 싶은 것을 숨김없이 말하고 있다.
5. 이야기가 펼쳐지고 있는 장소가 나경이네 집으로 정해져 있다.
7. '소원 주전자'라고 부른 노란 주전자를 이야기의 재료로 삼아 나경이에게 어떤 일이 있었는지를 중심 내용으로 펼치고 있다.

38 이야기 글 읽기(4)

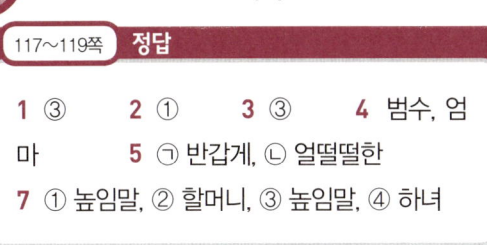

117~119쪽 정답

1 ③   2 ①   3 ③   4 범수, 엄마
5 ㉠ 반갑게, ㉡ 얼떨떨한
7 ① 높임말, ② 할머니, ③ 높임말, ④ 하녀

해설

1. 어른에게 반말하는 범수가 낭패를 당하는 것을 보고 얻을 수 있는 깨달음.
2. 반말하는 범수의 나쁜 버릇을 고치려고 가족들 모두가 범수를 왕자를 대하듯 높임말을 하고 있다는 내용의 이야기이다.
3. 할머니 역시 범수의 버릇을 고치기 위해 높임말을 쓰고, 꾸중은 하지 않는다.
4. 범수의 나쁜 버릇을 고치는 데 가장 열심히 힘쓰는 사람이 엄마이다.
5. 앞과 뒤에 놓인 말로 미루어 들어갈 알맞은 말을 떠올려 볼 수 있다.
7. 줄거리의 흐름을 따라 범수의 마음이 어떻게 변하는지 정리해 볼 수 있다.

39 이야기 글 읽기(5)

120~122쪽 정답

1 최선   2 운동회   3 ⑤   4 ①
5 ⑤   7 ① 이어달리기, ② 이어달리기,
③ 이호, ④ 기찬이

해설

1. 일등보다 최선을 다하는 삶이 아름답다는 교훈을 전한다.
2. 학교 운동회에서 있었던 일을 다루었다.(셋째줄에 나온다.)
3. '이호'가 이어달리기 중간에 사라져버리고, 그 때문에 '기찬이'가 한 바퀴를 더 뛰게 되고, 이때부터 사건이 엉뚱한 방향으로 흘러가버렸다.

4. 주인공 '기찬이'는 운동을 싫어하고 운동에 관심도 없는 인물이다.
5. 이야기를 전달하는 사람은 이야기의 모든 구성 요소에 대해 두루 잘 알고 있다.
7. 줄거리의 흐름을 따라 원인과 결과의 관계로 사건들을 짝을 맞추어 정리해 볼 수 있다.

40 이야기 글 읽기(6)

123~125쪽 정답

1 사랑 2 ① 3 (나) 4 ④
5 ③ 7 ① 식구, ② 할아버지

해설

1. 사람과 동물 사이에 있기 어려운 배려와 사랑이 특별히 강조됨으로써 감동을 준다.
2. 버려졌다 구출되어 사랑을 받게 된 개 이야기가 주된 내용이다.
3. 철물 장수의 개였다가 버려질 때까지의 이야기는 옛날을 되돌린 것이다.
4. 개가 사람처럼 느끼고 생각한다는 것은 거짓이지만 참말처럼 꾸며져 있다.
5. 두 낱말이 모두 시간이 지났음을 알려준다.
7. 간호를 받고 살아난 개는 네로와 한식구가 되었고, 할아버지의 수레를 함께 끌게 된다.

41 이야기 글 읽기(7)

126~128쪽 정답

1 ① 사건, ② 반복 2 좁쌀 한 톨, 정승 딸
3 ③ 4 ⑤ 5 ①
6 ① 길, ②소중한, ③없어지거나, ④물건

해설

1. 맡긴 물건이 없어지는 예상하지 못한 사건이 반복해서 일어남으로써 흥미를 자아낸다.
2. 좁쌀 한 톨 지니고 길을 떠난 '돌쇠'가 우여곡절 끝에 정승 딸에게 장가들게 되는 이야기이다.
3. '~어', '~지', '~야'로 문장이 끝나고 있는 것으로 보아서 듣는 사람을 직접 마주하고 말하는 투이다.
4. 소중한 물건을 잃어버리고도 대신할 수 있는 물건을 받아 길을 떠나는 것을 보면 이리저리 돌려 융통성 있게 생각할 줄 아는 인물이라 할 수 있다.
5. 이야기의 전반부는 시골이고, 후반부는 한양이다.
6. 이런 짜임새의 작은 이야기가 여섯 번 반복하면서 전체 이야기를 이룬다.

42 이야기 글 읽기(8)

129~131쪽 정답

1 ③ 2 종이 봉지 3 ①
4 ④ 5 ② 6 ① 공주의 성,
② 점심때

해설

1. 겉모습만 보고 사람을 평가하는 왕자와 이 때문에 결혼 않기로 한 공주의 행동에서 얻을 수 있는 교훈을 찾는다.
2. 용을 물리치고 왕자를 구하러 갈 때 입은 것은 '종이 봉지'이다.
3. 아침 무렵부터 그날 해질 무렵까지 일어난 사건이다.
4. 거지나 다름없는 공주의 겉모습을 보고 몹시 싫은 내색을 드러내고 있다.
5. 용에게 칭찬을 하여 부추김으로써 힘이 빠져서 잠에 빠지도록 했다.
6. 시간, 장소를 먼저 알아내고 일어난 중요한 사건을 간추려보고 알맞은 시간과 장소를 글에서 찾아보자.

정답 및 해설

43 이야기 글 읽기(9)

132~134쪽 정답

1 ⑤　　2 이황　　3 ③　　4 ④
5 (라)　6 ②　7 ① 부지런하다,
② 훔친, ③ 사랑, ④ 삼베

해설

1. 전체 내용을 대표할 수 있어야 한다.
2. 이황이 살아 있을 때 한 일을 기록한 글이다.
3. 제자가 눈물을 흘리는 것을 보고 이황도 울었는데, 제자가 울었던 이유는 어머니의 지극한 사랑을 떠올렸기 때문이다.
4. 백성의 것이라면 삼베 한 짐도 물리쳤다.
5. 명종 임금이 한 일로 미루어 이황의 위대함을 떠올리도록 했다.
6. 실제로 있었던 일을 기록했다는 점에서 동화와 다르다.
7. (가), (나), (다), (마)에 나타난 성품을 간추렸다.

44 이야기 글 읽기(10)

135~137쪽 정답

1 ⑤　　2 토끼의 간　　3 ③
4 ④　　5 용궁, 육지　　6 ① 두려운, ② 화난(성난), ③ 후련한(통쾌한),

해설

1. 용궁으로 잡혀와 죽을 번한 토끼가 꾀를 내어 용왕과 자라를 속이고 육지로 탈출하는 장면이다.
2. 모든 등장인물이 소중하게 여기는 것.
3. 신나게 노래를 부르며 이리저리 뛰어 다니다가 자신이 자라를 속였음을 말해주며 비웃었다.
4. 괄호 속의 지문으로 표현되어 있다.
5. 제5장은 용궁이고, 제6장은 육지이다.
6. 왼쪽의 표현을 잘 살펴보면 마음을 짐작할 수 있다.

45 이야기 글 읽기(11)

138~140쪽 정답

1 ②　　2 나비　　3 ③　　4 ③
5 (나)　6 ⑤　7 ① 영국왕립도서관,
② 일본, ③ 우리말

해설

1. 다른 사람이 할 수 없는 생각이나 행동을 보여 주어야 감동적이다.
2. 무엇을 연구한 사람의 전기인지 떠올려본다.
3. 석주명이 혼자서 마음속으로 중얼거리는 말이다.
4. 일본어로 되어 있던 이름을 우리말로 바꾼 데서 읽을 수 있는 마음
5. 어렸을 때로 거슬러 올라가서 이야기하고 있다.
6. 훌륭한 사람(위인)들의 전기는 읽는 사람이 주인공의 행동에 감동을 느끼고 훌륭한 인물의 행위를 본받게 하기 위한 목적이 있다.
7. 주로 4문단과 5문단의 내용을 간추린 것이다.

46 이야기 글 읽기(12)

141~143쪽 정답

1 ⑤　　2 아낌없이, 나무　　3 ②
4 ①　　5 사랑, 행복, 슬픔, 즐거움, 기쁨
6 ① 받다, ② 돌아오다, ③ 반복
7 ① 사과, ② 가지, ③ 줄기, ④ 밑동

해설

1. 아낌없이 베푸는 사랑에서 떠올릴 수 있는 아름다움이 주제이다.
2. 아무 대가없이(조건 없이) 베푸는 사랑.
3. 제 한 몸을 희생하면서 사랑을 베푼다.
4. 행복하다고 말했지만 정말 그런 것은 아닌 이유는 소년이 떠나버렸기 때문이다.
5. 나무가 떠올리고 이야기를 읽은 우리 독자도 함께 떠올리게 되는 마음이다.
6. 짜임새가 같은 이야기가 반복되면서 한 편의 큰 이야

정답 및 해설 13

기를 이룬다.
7. 소년이 요구할 때마다 나무는 제 몸의 일부를 차례차례 떼어 준다.

47 시 읽기(1)

144~145쪽 정답

1 ④   2 소곤소곤
3 ① 사람, ② 소곤소곤, ③ 친근
4 ⑤   5 ③

해설

1. 모두 '소곤소곤'이라 그려졌으므로, 살아 움직이는 모양이라 할 수 있다.
2. '-도'와 '소곤소곤'을 반복하여 운율을 이루고 뜻을 강조한다.
3. 상식에서 벗어나 거짓말처럼 표현한 부분을 찾아, 왜 그렇게 표현했는지 알아야 다음 단계의 이해와 감상을 할 수 있다.
4. 봄이 되어 새롭게 살아 움직이는 자연을 맞이하는 설렘 때문에 잠을 이루지 못한 것이다.
5. 이야기와 달리 3연으로 나누어져 있고, 연은 두 줄 또는 석 줄로 이루어져 있다.

48 시 읽기(2)

146~147쪽 정답

1 쓸쓸함   2 바람, 빈 병   3 ③
4 ①   5 ⑤

해설

1. 외로운 존재 둘의 공감, 어울림이 감동적이다.
2. 바람과 빈 병의 교감을 읊은 시이다.
3. 사람이 아닌 바람과 빈 병이 사람처럼 말하고 행동하고 있다.
4. 바람이 병속에 들어갔다 나오면서 병이 낸 소리이지 실제로 사람이 낸 소리는 아니다.

5. 연과 행을 나누는 것은 시에서 떠올린 느낌을 되새기면서 낭송하도록 한 장치이다.

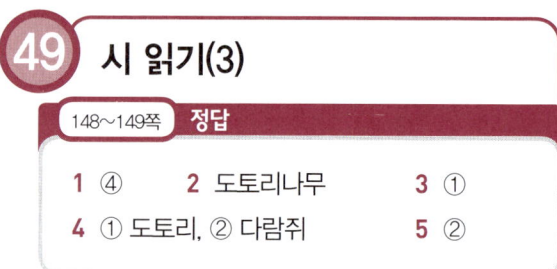

49 시 읽기(3)

148~149쪽 정답

1 ④   2 도토리나무   3 ①
4 ① 도토리, ② 다람쥐   5 ②

해설

1. 도토리나무는 자신이 떨어뜨린 도토리 한 알조차 찾지 못하는 다람쥐를 안타까워하고 있다.
2. 도토리나무가 다람쥐에게 보내는 사랑의 마음을 그리고 있다.
3. 다람쥐에게 사랑을 보내는 존재
4. 사랑을 전하는 물건, 사랑을 받아들이도록 떠올린 존재
5. 연을 차지하고 있는 행의 수가 모두 3행씩으로 되어 있다.

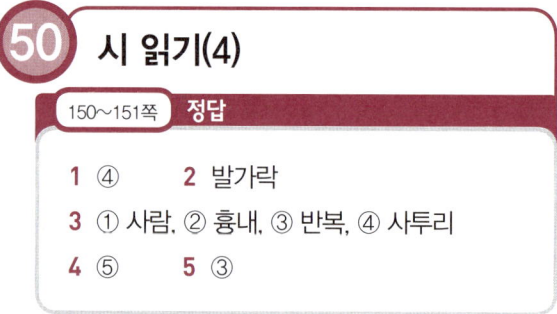

50 시 읽기(4)

150~151쪽 정답

1 ④   2 발가락
3 ① 사람, ② 흉내, ③ 반복, ④ 사투리
4 ⑤   5 ③

해설

1. 뚫린 양말을 신고 다녀야 할 만큼 가난하지만, 뚫린 양말 사이로 비집고 나온 발가락들을 사람처럼 보아서 과장되게 떠올리며 웃음을 잃지 않으려 한다.
2. 시에서 가장 많이 나타난다.
3. 오른쪽의 예를 보고 떠올려본다.
4. 뚫린 양말의 틈 사이로 발가락들이 나온 모습을 사람처럼 표현한 것
5. 1~2연은 2행, 3~4연은 3행, 5연은 4행으로 되어 있다.

정답 및 해설

51 시 읽기(5)

152~153쪽 정답

1. ③ 2. 동주의 개 3. ④
4. (다) → (가) → (나) → (라) 5. ⑤

해설

1. '동주'가 '셴돌이'와 주고받는 사랑이 중심 내용으로 감동을 주는 시이다.
2. '동주의 개'를 글감으로 삼고 있다.
3. 개가 사람처럼 생각하고 행동하는 모습으로 그려지고 있다.
4. (다) 공부 마칠 때까지/ 그곳에서 기다립니다. (가) 부끄러움 많은 동주가/ 교문 밖으로 아무리 쫓아 보내려 해도 (나) 학교 파한 동주보다 앞장서서 집으로 돌아갈 때는 (라) 동주가 엄마처럼 웃으며 뒤따라갑니다.
5. 친구들이 '셴둥이'가 사랑스러워 스스로 밥을 나누어 준다.

52 시 읽기(6)

154~155쪽 정답

1. ② 2. 잔소리 3. ⑤
4. 좀좀좀좀 5. ④

해설

1. 엄마가 내게 '하라'는 것들에서 '하지 말라'는 것들로 내용이 펼쳐지고 있다.
2. 엄마의 잔소리를 글감으로 하였다.
3. '제발'은 이 시에서 여러 구절에 붙일 수 있는데, 이런 장치를 '행간 걸침'이라고 한다.
4. '좀'을 갈수록 글자의 크기를 크게 하여 늘어놓음으로써 그 말을 한 엄마의 잔소리가 점점 더 크게 들리는 느낌을 받을 수 있다.
5. '좀'이 여러 번 반복하여 나타나고 있다.

53 시 읽기(7)

156~157쪽 정답

1. 해설 참고 2. 할머니, '나'
3. ② 4. ① 5. ③

해설

1.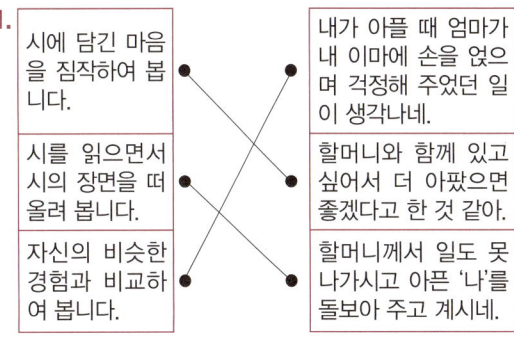

2. 할머니와 '나' 둘이서 살아가는 가난한 집이 무대이다.
3. '내가 감기 몸살로 결석하자'에서부터 할머니가 병든 나를 정성껏 돌봐주시는 장면이 나타난다.
4. 아빠, 엄마는 없고 할머니와 둘이 살아가는 '나'는 외로움을 강하게 느끼며, 그 때문에 할머니의 사랑을 더 바라고 있다.
5. 감기 몸살로 결석하게 된 상황이 나타난다.

54 시 읽기(8)

158~159쪽 정답

1. 6(연) 2. 목욕탕 3. ④
4. ① 5. ②

해설

1. '형이 말없이 내 등을 밀어 주는 거야./ 나도 형 등을 밀어 주었지.'에서 형제 사이에 사랑하는 마음이 다시 생겼음을 보여 준다.
2. 목욕탕에서의 일과 형과 목욕탕 다녀오는 장면이 선히 떠오른다.
3. 동생의 성품을 알 수 있도록 하는 내용은 보이지 않는다.

정답 및 해설 **15**

4. 이유는 앞의 구절에서 찾아야 한다. 1연부터 싸움 장면이 나타나고 있다.
5. 목욕탕에 갈 때까지는 물론이고 가서도 다투고, 화해를 해서 집으로 돌아오는 모습까지 시간 순서에 따라 그려지고 있다.

55 시 읽기(9)

160~161쪽 정답

1 ③　　2 샘물　　3 송송송, 졸졸졸
4 ②　　5 ⑤
6 ① 계속, ② 흘러, ③ 샘물, ④ 샘물

해설

1. 산 샘물의 아름다운 모습을 보고 놀라워하고 있다.
2. '산 샘물'이 글감이다.
3. 샘물이 솟아나는 모습과 흘러가는 모습을 실감나게 나타낸 말들이다.
4. 쉬지 않고 솟아오르기도 하고, 맑게 고여 있기도 하고, 넘쳐흐르기도 하는 샘물을 보고 떠올릴 수 있는 느낌으로 알맞은 것을 찾는다.
5. 4개의 연이 모두 2행씩으로 되어 있고, 각 행은 모두 7음절로 길이가 같다.
6. 각 연에 나타난 말로 빈칸을 채울 수 있다.